新時代のマーケティング

デジタル経済を動かすキーワード

宮下 雄治
Miyashita Yuji

八千代出版

はじめに

「これまで通用してきたマーケティングが効かなくなった……」
「DX やデジタルシフトはかけ声ばかりで、一向に前進しない……」
「既存事業の厳しい現状を打開するための次の一手が描けない……」

このような悩みを抱える企業は少なくありません。
とくに、良くも悪くも伝統を重んじる風土が根付いた企業ほど、こうした問題が深刻化している傾向が見られます。新しいことにチャレンジすることよりも現状維持をよしとする、いわゆる大企業病が企業の革新を拒むのです。

令和が幕を開けてから、あまりにも予想外のことが重なったことで、ビジネスを取り巻く景色は一変しました。まだ先だと思っていた「未来の姿」が突如目の前に現れました。コロナ禍の経験により、デジタルテクノロジーの有益性と必要性に関する理解が深まり、社会のデジタル化は一気に前進しました。
変化の渦中にいると、なかなか気付くことができませんが、現代はあらゆるものが過渡期を迎えています。次の覇権を見据えた商品やサービスの開発競争が激しさを増し、とりわけ変化の速いデジタル経済では、世界的な規模で火花を散らした陣取り合戦が続いています。
慣れ親しんだマーケティング手法や古いビジネス慣習に囚われていると、長年にわたり企業を支えてきた基幹事業といえども頭打ちになるばかりか目の前の大きなチャンスを逃すことになりかねません。

本書は、マーケティングやデジタル経済に関心を持つ幅広い読者の方を対象に、従来とは根本から異なる「新時代におけるマーケティングの新しい姿」を伝えることを目的としています。技術やトレンドが目覚ましいスピードで進化している今日、マーケティングも大きく変わりつつあります。デジタルとリアルの両輪でマーケティングの DX 化はますます進化を遂げていくでしょう。
ご承知の通り、デジタル領域は新しい技術が次々に登場しています。新しく生まれた技術やツールをどのように活用していくか。生かすも殺すもマーケター次第です。いつの時代も世の中の変化やトレンドを味方に付けたマーケティングが新たな商機を生み出します。

マーケターやDXの担当者なら押さえておきたいトレンドキーワードや理論、ビジネスパーソンが押さえておきたい知識やスキルをこの一冊にしっかりと網羅し、体系的に詳しく解説しています。とくに、2030年に向けて期待できる技術やトレンドを選びました。

本書を通して得られる効果

☑ 新時代におけるマーケティングのトピックスや新潮流を俯瞰できる
☑ 押さえておきたい「デジタル技術と消費トレンド」の最前線を理解できる
☑ 未来の戦略を練り上げていくための気付きやヒントを得ることができる
☑ 理論的な側面からマーケティングの本質を把握できる（マーケティングの新・旧の理論や知識が手に入る）

本書は、テーマごとに6つに分かれ、全100のキーワードから構成されます。最初からお読みいただくのはもちろんのこと、関心に応じてどこから読んでいただいても理解できる構成になっています。最終章では、マーケティングの伝統的な理論を厳選して、そのエッセンスを紹介しています。理論を知っているか否かではパフォーマンスに雲泥の差が生じます。この差がビジネスの命取りになりかねませんので、最終章までご精読いただくことをお勧めします。

本書はマーケティング入門者から、マーケティングやDXを仕事とするプロフェッショナルの方々まで幅広く読んでいただける一冊です。マーケティングの実務を変える技術やトレンドがここにあります。

難しいことをやさしく、やさしいことを深く、深いことを面白く――。

本書を仕事机の書棚に加えていただき、日々のマーケティング業務の参考にしていただければ、こんなにうれしいことはありません。

宮下 雄治

目　　次

第3章　プロモーションの新潮流

第4章　リサーチ・分析の革新

第5章　デジタル経済・DXの構成要素

第6章　伝統的マーケティングの基礎理論

第 1 章

マーケティングの新潮流

1 マーケティングの進化
Marketing Evolution

Key Point

・マーケティングは、変化し続ける市場に適応するために絶え間なく進化
・最新のマーケティング5.0の段階では、これまで発展途上だったさまざまなテクノロジーを用いて、カスタマージャーニー全行程で価値を生み出すことが主眼

製品中心から顧客中心へ

企業の成長戦略の中核を担う「マーケティング」の概念が誕生した歴史は浅く、20世紀に入ってからだと言われています。この100年余りの間でマーケティングの中心的な関心や課題は、時代や社会環境の変化の中で移り変わってきました。

マーケティングの世界的権威である**フィリップ・コトラー**氏は絶え間なく進化し続けるマーケティングの発展過程を1.0から5.0までの5段階に識別しています。ここでは、それぞれの特徴について整理します。

第1の段階「**マーケティング1.0**」は、**製品中心**のマーケティングです。これは、製品やサービスそれ自体に対して最高の価値を創出し、競合他社に対して優位性を創出することを主目的としたものです。アメリカで1950年代に本格的に始まったマーケティングであり、この時代に生み出された重要なマーケティング・コンセプトは製品開発とライフサイクル管理、それに最善の4P（2 参照）を生み出すことに重点が置かれました。

第2の段階「**マーケティング2.0**」は、**顧客中心**のマーケティングです。この考えは、消費者の購買力の大幅な低下を招いた1980年代はじめのアメリカにおいて強化されました。この時代には、製品中心のマーケティングと異なり、企業は誰にとっても完璧な製品・サービスを目指すのではなく、自社のターゲット市場についてもっとよく学び、それらの製品・サービスの市場ポジショニングを明確に定めることが重視されました。多様化した消費者ニーズに対応すべく、いわゆるSTP（90 参照）によるターゲットマーケティングがこれまでのマスマーケティングに取って代わりました。

現代はマーケティング5.0に突入

第3の段階「**マーケティング3.0**」は、**人間中心**のマーケティングです。ここでは、かつての物質的・機能的な充足以上に顧客の精神的充足を満たすマーケティング、さらには倫理的で社会的責任を果たすマーケティングに光が当てられました。「今日の顧客」のニーズを満たすことだけでなく、「明日の顧客」に対して、社会的・環境的・倫理的に責任あるマーケティングが求められる時代になりました。

第4の段階「**マーケティング4.0**」は、**デジタル化**が進んだ現代にアレンジされたマーケティングです。ここでの進化は、スマートフォン（以下、スマホ）によるモバイルインターネットの環境が整い、SNSやECの台頭によって顧客の消費行動が大幅に変化したことを背景とします。従来型からデジタル化へとマーケティングは進化し、オフラインとオンラインの融合に主眼が置かれ、テクノロジーを用いたデジタルマーケティングが急成長しました。

そして、マーケティングは第5の段階「**マーケティング5.0**」へと進化しています。この最新の段階は、マーケティング3.0と4.0を踏まえながら、新たに台頭・発展した人間を模倣したあらゆる技術（AIをはじめとするネクストテクノロジー）を用いて、全体的な顧客体験の中で価値を生み出すことに主眼が置かれます。そこでは、「摩擦のない魅力的な新しい顧客体験を生み出すこと」が目的であるとコトラーは言います。

マーケティングの進化（1.0から5.0へ）

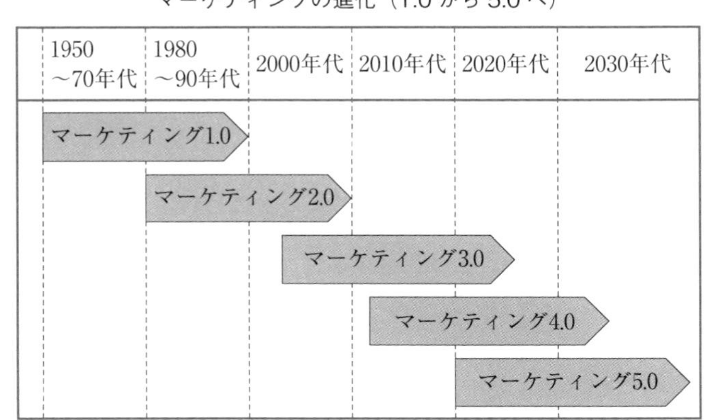

出所：コトラーほか（2022）を一部修正

2 デジタルマーケティング
Digital Marketing

Key Point

- デジタル技術と新たなメディアを組み合わせたデジタルマーケティングでは、STP とマーケティング・ミックスを劇的に進化させて効率性と効果を向上
- 顧客理解を深化させ、一人ひとりの属性や行動履歴等に応じた個別対応を実現

デジタルで進化するマーケティング

デジタル技術の進化によって、ビジネス環境はこの 10 年で大きく変化しました。今や、旧来のマーケティングやセールス手法に囚われていては、生き残ることが難しい時代になりました。マーケティングをアップデートするには、デジタル化によって進んだ消費の構造変化を前提にすることが求められます。

デジタル経済の台頭により、「デジタルマーケティング」という用語が定着しました。この用語の定義は一義的に定まっていませんが、あらゆるデジタル技術とデジタルメディアを活用したマーケティングを指します。技術進歩が著しいデジタル技術と新たなメディアを有効に組み合わせて、最適で効果的なマーケティング施策を展開することが主眼とされます。

これに向けて、マーケティングの基本的な戦略フレームである、**R**（リサーチ）、**STP**（セグメンテーション・ターゲティング・ポジショニング）と **MM**（マーケティング・ミックス：Product、Price、Place、Promotion）は大きく進化していきます。

最初の R（52 参照）については、デジタル化の進展によりマーケティングで最も重視する情報である**顧客情報**に関する深い理解が可能になりました。多様な顧客接点が生まれたことで、製品やサービスの購入前、購入中、購入後評価などさまざまなフェーズに応じた詳細な顧客データを取得できるようになりました。しかし、顧客データを取得・蓄積するだけでは、マーケティングの重要な意思決定に結び付かないことは言うまでもありません。取得したデータをどのように活用していくか、どのようにデータ分析で得られた知見をマーケティングの重要な意思決定に結び付けていくかがデジタルマーケティングの成否を分けます。

STPとマーケティング・ミックスの進化

STP（90 参照）においては、S（セグメンテーション：市場細分化）とT（ターゲティング：標的市場の設定）はデジタルによって、より精緻な分析が可能になります。

セグメンテーションに関しては、従来は一定の分析軸を用いて、共通の属性やニーズを有する集団を同質的なセグメントとして捉えてきました。これが、デジタルを用いると精緻に細分化することが可能になりました。さらには、**顧客ID**と紐付けてユーザーの行動データを取得できることから、同質の集団に細分化する必要自体がなくなり、一人ひとりの属性や行動履歴等に応じた個別対応のマーケティングを可能にしたのです。セグメンテーションとターゲティングの進化こそがデジタルマーケティングの本質です。

マーケティング・ミックス（91 参照）においても、4Pそれぞれがデジタルの影響を受けて進化していくことになります（表）。デジタルマーケティングは今後さらに進化していくことは間違いないでしょう。それは、AIやIoT、5G、エッジコンピューティングといったデジタル世界を加速させる要素がビジネスの世界にますます浸透しており、それがより広く、深くなってきているからです。

デジタル化の流れの中でマーケティングの変革スピードは加速しています。このような時代の流れに変化適応し、デジタルを味方にしたビジネスを展開できる企業とそうでない企業、その差はこの先ますます広がっていくでしょう。

マーケティング・ミックスの進化

4Pの要素	進化の方向性
Product（製品）	AIやAR（拡張現実）・VR（仮想現実）を搭載した製品やサービスが続々と誕生。また、IoTやロボティクスを搭載することにより、状態や動きを遠隔で感知・操作したり、データの取得が可能な製品も広く普及
Price（価格）	製品やサービスの需要と供給の状況に応じて価格を柔軟に変動させるダイナミックプライシングがあらゆる業界に浸透
Place（流通）	販売チャネルからサプライチェーン、マーチャンダイジングや決済システムまでデジタルシフト。売り場は、販売の場であると同時に消費者データ収集の場にシフト
Promotion（プロモーション）	従来のアナログ媒体での広告からWebやSNS広告へシフト。顧客一人ひとりに最適化した、精度の高いコミュニケーション戦略が実現。広告効果を可視化し、柔軟なプロモーション展開にシフト

3 SNSマーケティング
Social Networking Service Marketing

Key Point

- 速報性・拡散力に優れたソーシャルメディアを活用したマーケティング
- 企業本位の情報ではなく、ユーザーが思わず読みたくなる、「知って得するありがたい情報」などユーザー目線でのコンテンツ制作が重要

社会を変え、経済を動かすSNS

テクノロジーの進化はいつの時代も従来のビジネス慣習や常識を書き換える力があります。ここ10数年でマーケティングを取り巻く環境は急速な変化を遂げました。なかでも、消費者を取り巻くメディア環境の変化により、プロモーションは大きな影響を受けました。

スマホの普及により著しい成長を遂げたサービスが**SNS（ソーシャル・ネットワーキング・サービス）**です。速報性や拡散力に優れたSNSの利用者は瞬く間に増え、近年では個人間のコミュニケーションツールとしてだけでなく、企業による情報発信の有力なメディアに台頭しました。今や、世界の総人口の半数以上がSNSユーザーであり、SNSが社会を変え、経済を動かす原動力となりました。

InstagramやFacebook、X（旧Twitter）、LINEといったSNSなどのソーシャルメディアを活用したマーケティングを「SNSマーケティング」と呼びます。各種ソーシャルメディアに自社のアカウントを開設したり、広告を出稿するなどの形で表に示すような各種効果が期待できます。

ソーシャルメディアを通して、従来のマスメディアでは取れない層へのアプローチ（リーチ拡大）が見込めます。さらに、消費者と企業はともにリアルタイムで情報発信ができるようになり、企業としては消費者に速報性の高い情報を発信できることに加え、消費者の思考や行動をリアルタイムに可視化できるようになりました。

話題になりにくい時代にユーザーの共感を得る

以前はマスメディアを通して、企業が不特定多数の人に向けて情報を発信するのが一般的でした。SNSをはじめとするソーシャルメディアでは、ユーザー

が情報選択の主導権を握るとともに、ユーザー自らが企業が発信した情報を拡散していくという特徴があります。

ハッシュタグを用いて自分で発信することや、タグ付きの情報を検索することが一般化しました。これまでは、調べたいことがあればグーグルやYahoo!などの検索エンジンを用いるのが一般的でしたが、SNSのユーザーはInstagramをはじめSNS内でワードを検索します。SNS上で自社の商品・ブランド・サービスに関連した投稿やハッシュタグが増えれば、それだけユーザーの目に留まりやすくなります。そして、ハッシュタグによる検索数も増えていくことで、多くのユーザーの目に触れやすくなります。このような検索方法の変化もマーケティングに大きな影響を与え、SNSマーケティングの重要性を高めることになりました。

ネット上に大量の情報が氾濫する中で、話題を作るのは容易ではありません。ユーザーはSNSで自分が見たい、都合のよい情報しか見たくありません。SNSに限った話ではなく、マスメディアでも同様ですが、商品やブランドの情報を一方的に発信してもユーザーを振り向かせるのは困難です。

情報が届きにくい時代には、企業本位の情報ではなく、ユーザーが思わず読みたくなる、「知って得するありがたい情報」を投稿することが大切です。今話題のタイムリーな情報であることも重要ですし、単純に面白い情報やなるほどと思わせるような情報で消費者の関心と共感を得る仕掛けが大切です。SNSでの情報発信は、「ユーザーに共感される情報か否か」という点が最も大切であり、ユーザー目線でのコンテンツ制作が求められます。

SNSマーケティングの期待効果

①	マスメディアでは届かない層へのリーチ
②	リアルタイムな情報を発信
③	ユーザーの生の声をリアルタイムに把握
④	ユーザーとの双方向コミュニケーションを実現
⑤	共感の醸成によるファンの獲得・育成
⑥	ユーザーの反応を可視化
⑦	ブランド・イメージや世界観の共有
⑧	ユーザーとの直接的な繋がりによる顧客理解の深化

UGC
User Generated Content

Key Point

- 一般人によるUGCが経済を動かすほどの重要なファクターに台頭
- ユーザー目線の自然なコンテンツは「共感の輪」が広がりやすく、「憧れよりもリアリティ」を重視する現代人が支持

経済を動かすUGC

UGC（User Generated Content：ユーザー生成コンテンツ）とは、広告など企業が発信する情報ではなく、Instagram、X（旧Twitter）、FacebookなどのSNSを中心に消費者やユーザーが自分の意思で制作・投稿する情報（コンテンツ）を意味します。SNS以外にも口コミサイトへのレビュー投稿や動画投稿サイトへ投稿される動画、電子掲示板（BBS）、ブログなどもUGCに含まれます。そこでのコンテンツは、テキストから写真、動画、イラストなど種類は多様です。

UGCは消費者が実際に製品を使ってみたり、サービスを体験したり、店舗を訪れた**リアルな声や姿**です。実際に消費して感じた内容を「人に勧めたい（あるいは勧めたくない）」「広く共有したい」というものから自己表現としての投稿などその動機はさまざまですが、同じ一般人の声であるUGCは現代の消費者の消費や購買行動に大きな影響を与えています。

UGCが影響力を持つ背景には、現代の消費者は企業からの一方的で押し付け感が強い広告に対して嫌悪感を抱きやすくなっていることが挙げられます。生活者はともすれば、自分たちに向けて発せられる関心を持てないメッセージに煩わしさを感じ、ブランド（企業）からの一方的な広告を迷惑なものと見なすのです。

これに対して、UGCは同じ生活者目線での情報です。そこでは、肯定的な面も否定的な面も包み隠さず書かれています。この生活者目線の本音こそが、製品やサービス、店舗の生の情報に触れられる「信頼できる情報」として価値を高めてきました。ネットやSNSの普及でこのUGCを誰もが気軽に投稿・参照することができるようになり、これが経済を動かすほどの重要なファクターになりました。

UGC のメカニズム

経済を動かす原動力は、この先しばらくはUGCになると見てよいでしょう。ユーザーが発信する自然なコンテンツは、「共感の輪」が広がりやすく、**憧れよりもリアリティ**を重視する今日の生活者に支持され続けるでしょう。

このようなUGCが消費者の消費・購買の意思決定に大きな影響力を持つことが明らかになるにつれて、企業は自社のマーケティングにUGCを取り込む動きを加速させています。たとえば、自社のHPにUGCを積極的に掲載したり、公式のSNSアカウントの投稿素材にUGCを活用したり、ECサイトの商品紹介ページにUGCを掲載したりなどさまざまな顧客接点の場面で活用されています。

今日のアパレルメーカーのいくつかは、自社が運営するInstagramの公式アカウントにおいて、一般のユーザーが自社ブランドの洋服やアイテムを身に付けた姿を自撮りしている投稿を集め、広く紹介しています。これまではモデルに自社製品を着用させて、プロのカメラマンが綺麗に撮影した写真を掲載するのが当たり前でしたが、一般ユーザーの感覚で選んだ着こなしや、そのセンスへ共感する消費者が増えています。

UGCの活用はプロモーションに限った話ではありません。企業にとって、生活者の生の声は宝の山です。企業側には気が付かない細かい点をユーザーが気付いていることは多々あります。また、企業側が意図していない使い方をされていたり、意図していないターゲットに需要があったりなど新しい気付きを得ることができます。

否定的な意見を含めたユーザーのリアルな声を拾うことで、既存製品・サービスやサイトの改善、さらに店舗オペレーションやマーケティングの修正・改善に繋がることが期待できます。

UGC 発生のメカニズム

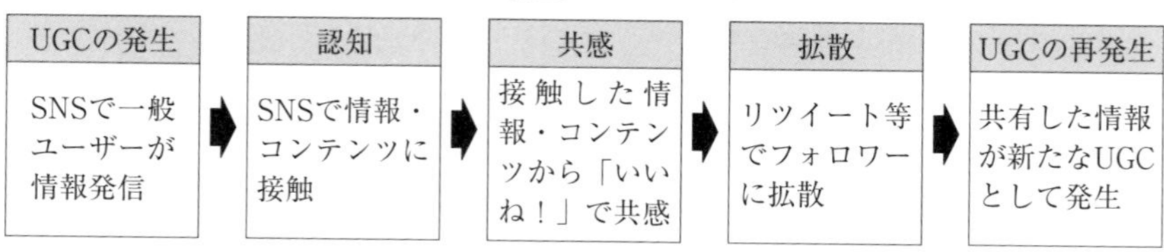

出所：宮下（2022）

5 マーケティングDX
Marketing DX

Key Point

- デジタル技術とデータをテコにして、良質な顧客体験の追求、消費のブラックボックスを解明、未来価値の創造を主眼としたマーケティング
- 人々の満たされていない「不」や社会課題の発見で、新たな成長機会を獲得

求められるマーケティングの変革

デジタル技術の進化によって、売り方や顧客分析の手法は非常に進化しました。今や、旧来のマーケティングやセールス手法に囚われていては、生き残ることが難しい時代になりました。自分たちの商品やサービスをこれまでと同じように売り付けるやり方はもう通用しないと危機感を持つことが変革のスタートになります。

マーケティングをアップデートする方法として、一つには**デジタル**(D)を利用・順応するマーケティングがあります。これは、進化したデジタル技術を用いて、従来のアナログなマーケティング手法をデジタルシフトし、効率と効果を高める取り組みです。もう一つは、デジタル化によって進んだ消費の構造変化を前提に、業種や業界の垣根を超えた新しい顧客体験や、新しいビジネスを展開するマーケティングです。そこでは、ダイナミックな発想と想像力で、より多くのビジネスチャンスの獲得を目指します。これこそがマーケティングの「**トランスフォーメーション**(X):変革」であり、双方をかけ合わせたマーケティングがマーケティングDXです。

デジタルとデータを駆使したマーケティングDX

マーケティングDXを筆者は「デジタル技術とデータを駆使して、私たちの暮らしや社会の質を高め、喜びと感動を創造する活動」と定義します。

マーケティングの本質的な役割は、より一層の品質やサービスの向上に目を向け、私たちの暮らしや社会をより豊かに、より便利に、より面白くといった生活の質を高めることにあります。そして、マーケティング活動の目指すところは、「お客様に喜びと感動を創造」する点にあります。したがって、企業は時代の半歩先を見据え、「人々は何に喜び、何に感動するのか」という点の究明

を通して、新たな成長機会を見いだすことが可能になります。これの実現には、人々の満たされていない「不」(不満、不安、不足、不便など)をデジタルの力で発見することが鍵を握ります。

マーケティングDXの第1の役割は、「良質な顧客体験(CX)の提供による顧客満足(CS)の創造」です。デジタル時代における企業の競争力は、顧客体験(CX : Customer Experience)の質に移行しました。今や機能やデザインが優れているだけで売れる時代ではありません。デジタルにより多様化した顧客接点(45 参照)で、心に触れる良質な顧客体験(6 参照)を提供することが重要です。

第2の役割は、「顧客や消費のブラックボックスの解明」です。社会経済が混乱し、市場の不透明感が強い現代では、消費活動や顧客満足(98 参照)の変調を丹念に見ていく必要があります。企業が少しでもその見通しを高めるべく、デジタルを活用してリサーチ力(洞察力)を強化していくことが大切です。

第3の役割は、「従来の延長線上にない未来価値の創造」です。市場ニーズを捉えようとする場合、従来の延長線上にある顕在的なニーズを識別するのは比較的容易です。しかしながら、顕在ニーズを追い求め、他社との違いを打ち出せなければ高い利益率と競争力は期待できません。AIやデータを活用し、延長線上にない潜在部分を取り込むマーケティングがこれからは求められます。

ビッグデータやAI、デジタル技術は企業のリサーチ能力を飛躍的に向上させました。企業が獲得できる顧客データの種類と量も急増しています。デジタル技術とデータをテコにしたマーケティングの変革が成功の鍵を握ります。

既存のビジネスがこの先も有効である保証はありません。変化した社会・経済を的確に捉え、デジタルの力で顧客ニーズを掘り起こし、顧客体験を刷新していくマーケティングDXが求められています。

マーケティングDX

デジタル技術とデータを駆使して、私たちの暮らしや社会の質を高め、喜びと感動を創造する活動 ① 良質な顧客体験(CX)の提供による顧客満足(CS)の創造 ② 顧客や消費のブラックボックスの解明 ③ 従来の延長線上にない未来価値の創造

出所:宮下(2022)

6 顧客体験（CX）
Customer Experience

Key Point

- 商品やサービスの機能や品質そのものでの差別化が難しい現代、「良質な顧客体験の提供」が競争力の源泉
- 五感を刺激した心に触れる体験とエフォートレスな体験が鍵

顧客体験で差が付く時代へ

デジタル時代における企業の競争力の源泉は、「顧客体験（CX：Customer Experience）」の質に移行しています。一昔前には想像もできなかった体験がデジタル技術の進歩により現実のものになりました。ネットやSNSの普及により、人々のコミュニケーション手段や消費スタイル、そして働き方は急速に多様化しました。

顧客体験は、「企業のサービスに対する顧客の多次元的（認知的、感情的、感覚的、行動的、および関係的）な反応」として定義されます。これらの**経験価値**が、製品それ自体の持つ**機能的価値**に代わって重視されるようになったのです。経験価値は一人ひとりのユーザーで異なりますが、心地よさや感動、美的な満足を与えてくれる商品やサービスが大きな経済的価値を生み出す時代になりました。商品やサービスの機能や品質での差別化が難しくなっている現代では、消費者が「体験」で企業やブランドを選ぶ傾向が強まりました。オンライン、オフラインを問わず、顧客を引き付ける企業は商品やサービスの「購入前→購入中→購買後」という一連のプロセスにおける顧客体験の質に徹底的にこだわります。

この一連の過程における顧客体験は、ネットであれリアルであれ、商品であれサービスであれ大きな違いはありません。選ぶときの楽しさや分かりやすさであったり、使用しているときの快適さや驚き、新しい発見、さらには使い終わった後での余韻などがこれに該当します。

なかでもデジタルを起点とした顧客体験の設計が今日のマーケティングの重点課題になっています。「誰もが気軽に情報に触れて買い物を楽しめる」「誰もが安心して快適に製品やサービスを利用できる」環境整備が大切です。

顧客体験を向上させる取り組み

価値ある良質な「顧客体験」をどのようにデザインするか、という点がマーケティングの中心課題に台頭しています。

良質な顧客体験の提供には、五感を刺激した心に触れる体験に加え、買い物や消費のさまざまな段階における手間やストレスを極力軽減していく**エフォートレス**な体験が鍵を握ります。ECの進化は、これまで消費者の買い物の労力を削減するエフォートレスの方向に進化してきました。ECでのこうした買い物に慣れた消費者にとって、リアル店舗での買い物にもエフォートレスな体験を求めるのは当然の流れです。リアル店舗においては、伝統的な売り方を一つずつ見つめ直し、買い物時の顧客の負担やストレスをデジタル技術等を活用して削減することで新しい顧客体験を生み出す取り組みが求められています。

これまで、日本企業が展開するマーケティングの多くは、「購入の検討（事前）」の過程に力点が置かれ、「売ったらおしまい」という**売り切り型ビジネス**を前提としてきました。しかし、ユーザーの良質な顧客体験が購買意思決定の重要な変数になっている現代では、購入する最中や購入した後の過程を重視していくことが大切です。

デジタル経済をリードする企業は、顧客がストレスや不満を抱える可能性のある要素を洗い出し、細かい部分にも目を配りながら、顧客体験を継続的に調査して構築し直しています。それによって、ストレスのない心地よい魅力的かつ独自の体験を生み出す努力を重ねているのです。

顧客体験のデザイン

- 購入前の「選ぶ楽しさ」から、「買ったときの喜び」、そして「利用時の満足感や快適さ」さらには「利用後の余韻」までトータルの顧客体験
- 五感を刺激した心に触れる良質な顧客体験
- 買い物や消費のさまざまな段階における手間やストレスを極力軽減していくエフォートレスな顧客体験

カスタマーサクセス
Customer Success

Key Point

・顧客の「成功体験」を愚直に追求するのがカスタマーサクセス
・商品やサービスの購入・契約以降も積極的に顧客と伴走しながら、体験の先にある「成功」を支援するトータルな活動

顧客体験の鍵となる「カスタマーサクセス」

「顧客体験」が今日のビジネスの重要なキーワードになっている中で、「どのような価値ある良質な顧客体験をデザインするか」という点が企業の戦略課題になっています。これを徹底的に考え、迅速に実行することが顧客を創造・維持するうえで不可欠です。顧客を魅了する体験価値を提供するうえで鍵となるのが「カスタマーサクセス」です。

カスタマーサクセスは「顧客の成功が達成できることを最優先課題に掲げ、商品やサービスの購入・契約以降も積極的に顧客と伴走しながら、体験の先にある『成功』を支援する活動」を意味します。

これまでのマーケティングは、顧客の「購入前」の段階に焦点を当ててきました。いかに自社の商品やサービスの魅力をアピールしていくか、あの手この手のプロモーションで顧客を引き付けるスキルに磨きをかけてきました。他方で、カスタマーサクセスは、商品やサービスの「購入後」の使用段階に焦点を当てた活動です。従来のような「購入していない消費者をいかに自社に振り向かせて、新規顧客を獲得するか」という関心から、「購入してくれた顧客をいかに長期的に利用し続けてもらうか」にベクトルを移した活動がカスタマーサクセスです。

体験の先にある成功を愚直に追求

昨今、カスタマーサクセス部門の創設やカスタマーサクセス人員体制を強化する企業が増えています。この先駆けは、カスタマーサクセスの概念を提唱したCRMサービス大手の米**セールスフォース・ドットコム**と言われています。同社は、カスタマーサクセスと呼ぶ職種を日米で設けており、これが高い競争力の源泉になっています。

この仕事は、従来の顧客からの問い合わせを待つ受動的なカスタマーサポートとは異なります。セールスフォース・ドットコムでは顧客との契約後にカスタマーサクセス人員が顧客企業の担当者と会い、ソフトを活用して顧客の事業を伸ばす手助けをしています。そこでは、顧客の成功（商談成約率など）の目標を決め、その達成に向けて必要なソフトの活用方法の提案を行っています（「日本経済新聞」2019年8月2日）。

このように、カスタマーサクセスは、顧客の成功を達成することを目的に、企業が顧客と伴走しながら商品やサービスの効果的な活用を支援する仕組みと捉えることができます。

とくに、デジタル時代は、サービスを利用してもらった後が大切です。単に顧客に商品（モノ）や体験（コト）を届けるのではなく、顧客の利用過程で体験の先にある「成功」を届けるのがカスタマーサクセスの本質です。

カスタマーサクセスはIT分野をはじめとするサービス業やB to B企業（産業財企業）のみに該当する概念ではありません。B to C企業（消費財企業）にも取り入れられ始めています。日本企業で積極的な取り組みを見せるのが消費財メーカーの**花王**です。同社はDX戦略推進センターを2021年に設け、そこの一部門としてカスタマーサクセス部を新設しました。従来のメーカーに見る「売り切り型」のビジネスから、「販売後のカスタマーサクセス」を重視した同社の姿勢がうかがえます。

花王以外にもNTTドコモや丸井グループ、りそなホールディングス、日商エレクトロニクス、日経BPなど幅広い業種でカスタマーサクセスの専門部署を新設する動きが見られます。

顧客の「成功体験」を愚直に追求することがカスタマーサクセスの本質であり、その取り組みの成果がこれからの企業の競争力を大きく規定するようになるでしょう。

カスタマーサクセス

顧客の成功が達成できることを最優先課題に掲げ、商品やサービスの購入・契約以降も積極的に顧客と伴走しながら、体験の先にある「成功」を支援する活動

8 カスタマージャーニー
Customer Journey

Key Point

- 顧客が商品やサービスを知り、興味や関心を持ち、購買や契約に至るまでの消費行動の一連の道筋
- カスタマージャーニーマップを作成することで顧客の深い理解を実現

顧客の一連の行動を旅に見立てる

カスタマージャーニーとは、商品・ブランドやサービスに対する顧客の一連の行動を旅（ジャーニー）に見立てたものです。顧客がどのように商品やサービスを知り、興味や関心を持ち、購買や契約に至るかという消費行動の一連の道筋を指します。企業と顧客が接触する機会である「顧客接点（タッチポイント）」（45 参照）は、ますます多様化、複雑化の様相を呈しています。

従来のように、限られたマスメディアから受け身で情報収集していた時代は、顧客との接点が分かりやすく、カスタマージャーニーも比較的シンプルでした。しかし、消費者は受け身の情報収集から、オンラインでの能動的な情報収集行動にシフトしました。さらに、オンラインとオフラインの複数のメディアを横断して情報を収集して消費・購買行動を行うことで、消費者の購買行動やブランド体験といったカスタマージャーニーは、大きく変わりました。ライフスタイルの多様化もあり、カスタマージャーニーがますます複雑化する中で、企業が顧客接点や顧客行動を把握しにくい時代になりました。

購入前から購入後までの長期的な顧客体験の分析

アクセスログ解析（Webサイトを訪れたユーザーの行動データを分析すること）やアンケート調査では、顧客の行動や思考、感情を断片的に理解することには役立ちますが、顧客が全体としてどのような動きをしてどのようなことを考えてきたのかを把握することは困難でした。

顧客の「今」の正しい姿を理解し、**インサイト**（隠れた心理、本音）を深掘りすることがカスタマージャーニーの役割であり、カスタマージャーニーの各フェーズに適したコミュニケーション戦略などの施策を検討していくことが求められています。

カスタマージャーニーを詳細に把握するためには、**カスタマージャーニーマップ**の作成が有効です。カスタマージャーニーマップとは、顧客の一連の購買行動やブランド体験を時系列で可視化することで顧客の深い理解を可能にします（図）。

カスタマージャーニーマップの作成時は、横軸には顧客の一連の行動のフェーズを切り出します。そこでは、「認知」→「興味・関心」→「比較検討」→「購入・入会」→「初期利用」→「継続利用」など購入前から購入後までの長期的な視点で顧客体験の段階が設けられます。

一方の縦軸には、「タッチポイント」「行動」「思考」「感情」「課題」などを記載します。時系列に顧客の状況を捉えることで顧客の「今」を正確な理解に近付けます。描くジャーニーの**ペルソナ**（顧客像）を決めておくことが重要です。想定顧客の年齢、性別、行動や価値観などを具体的に定めておくことで詳細なカスタマージャーニーマップを描くことができます。

カスタマージャーニーマップにより、顧客体験を細かく分析することで、「何が次の行動のきっかけになったのか」さらには「何が次の行動の障害になりやすいのか」といった検討が可能になり、マーケティング戦略を構築するうえで有益な示唆が得られます。

カスタマージャーニーの一例

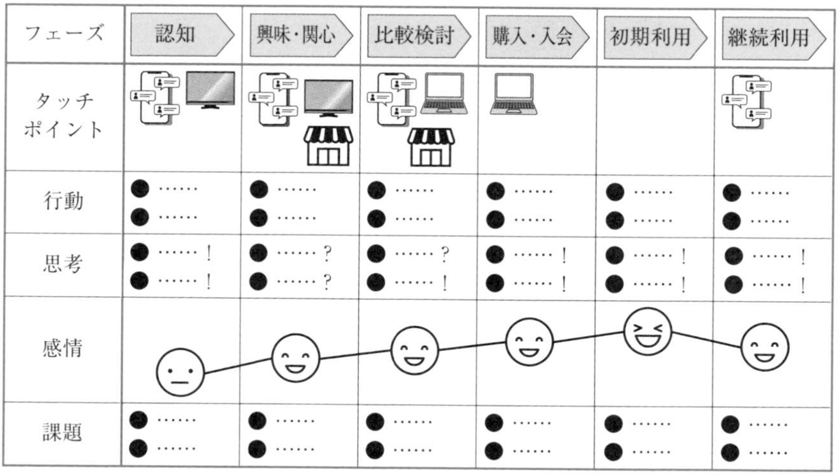

フェーズ	認知	興味・関心	比較検討	購入・入会	初期利用	継続利用
タッチポイント						
行動	●…… ●……	●…… ●……	●…… ●……	●…… ●……	●…… ●……	●…… ●……
思考	●……！ ●……！	●……？ ●……？	●……？ ●……！	●……！ ●……！	●……！ ●……！	●……！ ●……！
感情						
課題	●…… ●……	●…… ●……	●…… ●……	●…… ●……	●…… ●……	●…… ●……

9 顧客エンゲージメント
Customer Engagement

Key Point

・顧客エンゲージメントは企業やブランドに対する「好意的な感情」の度合い
・従来の顧客満足とは異なる指標として、顧客ロイヤルティを測るNPSを導入し、好意的な感情や信頼度を数値化

注目が集まる顧客エンゲージメント

現在、多くの企業がマーケティング分野において顧客エンゲージメントの向上に取り組んでいます。エンゲージメントとは、もともと「約束、契約、婚約」を意味する用語です。ここから、顧客エンゲージメントとは、顧客が企業やブランドに抱く信頼度や愛着など**好意的な感情**の度合いを意味します。

企業が顧客エンゲージメントに注目している背景には、ビジネスを取り巻く環境の変化により、これまでと同じやり方では成長が見込めなくなっている現状があります。とくに、ビジネス環境を取り巻く2つの要因が関係しています。

第1に、マーケティングの軸が「新規顧客の奪い合いから既存顧客との関係強化」へと大きくシフトしていることです。こうした流れは、サブスクリプション型ビジネスがあらゆる業種で取り入れられていくことで加速しました。

第2に、多くの市場において企業間の製品やサービスの機能や品質での差別化が困難となる**コモディティ化**が進んでいることです。コモディティ化の進展は価格競争を引き起こし、結果として企業の収益は低下していくことになります。そこで、企業は顧客エンゲージメントを高めることによって継続的に安定的な収益を得る方向に力を入れ始めているのです。

顧客エンゲージメントを高めるメリット

顧客エンゲージメントが高い顧客は、商品やサービスの購買理由を価格に帰属させません。競合企業と比べた価格の安さではなく、企業やブランドそれ自体に価値を見いだしてくれるという特徴があります。「この企業の商品・サービスを使用し続けたい」「この企業から購入したい」といった感情を企業やブランドに対して抱くようになれば、コモディティ化に伴う価格競争を回避することが期待されます。

企業やブランドに対して上記のように高い顧客エンゲージメントを抱く顧客は企業に多くの便益をもたらしてくれます。代表的には次が挙げられます。

・購買理由を価格（安さ）に求めない（**価格競争の回避**）
・継続して商品やサービスを利用してくれる（**安定的な売上の確保**）
・企業やブランドへ建設的な意見を寄せてくれる（**好意的フィードバックの発生**）
・ポジティブな口コミを発信してくれる（**好ましいUGCの発生**）
・他の人に商品やサービスを推奨してくれる（**推奨行動の促進**）

顧客エンゲージメントの高い顧客は、**顧客ロイヤルティ**の高い顧客です。顧客ロイヤルティとは「（企業やブランドへの）忠誠心」を指します。

顧客ロイヤルティの程度を定量的に測る指標として、従来の顧客満足とは異なる指標として**NPS**（Net Promoter Score）が多用されています。NPSは「あなたはこの商品（サービス・店舗）をどのくらい友人や知人に勧めたいか」という推奨行動の程度を測るもので、0点から10点までの数値で評価します。9点と10点の高得点を付けた顧客を「推奨者」、7点と8点を「中立者」そして0点から6点を「批判者」と分類し、回答者全体に占める推奨者の割合から批判者の割合を引いた値がNPSの数値となります。

業績との相関も高いNPSは、従来は測定が難しかった「好意的な感情や信頼度」を数値化することを可能にしました。今日の多くの企業がNPSの数値を顧客体験やブランドの評価・改善に活用しています。

NPSの計算方法

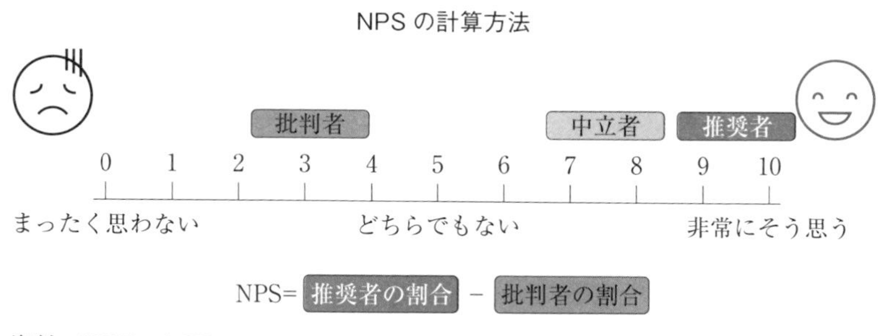

資料：NTTコムHP

10 シェアリングエコノミー
Sharing Economy

Key Point

・消費は、必要なときに必要なモノや空間、スキルなどを効率的に利用する「所有しない消費」へトレンドが推移
・個人が保有する遊休資産をシェアリングするC to Cは大きな成長ポテンシャル

急成長する「所有しない消費」

デジタル技術がなし遂げた変革の一つに、**所有しない消費**の台頭が挙げられます。これまで生活者の多くは、個人でモノを購入して「所有する」ことに重きを置いてきました。それが、生活者のライフスタイルや消費意識などの変化により、必要なときに必要なモノや空間、スキルなどを効率的に「利用する」ことへ消費のトレンドが推移してきました。

インターネットの台頭により、デジタルのプラットフォーム上で個人が所有する資産を使っていないときに他の人に使ってもらう個人間の貸借が容易になり、さまざまなサービスが誕生しました。個人同士だけでなく企業間でもモノやサービスを共有したり貸し借りする動きが増加しています。

シェアリングエコノミー協会によると、シェアリングエコノミーは大きく5つのカテゴリーに識別されます（表）。米エアビーアンドビー（Airbnb）をはじめとする民泊サービス、会議室やイベントスペースといった「スペース（空間）」を貸し借りするサービス、メルカリをはじめとする個人間売買や使っていない「モノ」を売買・貸し借りするサービス、ドコモのシェアサイクルや電動キックボードのループ（Luup）といった「移動」ツールを貸し借りするサービス、ランサーズやココナラのような個人の「スキル」や労働力を売り買いするサービス、そしてCAMPFIREやMakuakeなどのクラウドファンディングをはじめとした「お金」を出し合うサービスがあります。

C to Cモデルの台頭と先駆的企業

従来のビジネスは、企業が消費者を対象に商品やサービスを販売するB to C（Business to Consumer）、企業から企業へ商品やサービスを提供するB to B（Business to Business）が中心でした。デジタル社会で新たに誕生したシェアリン

グエコノミーの各種サービスでは、消費者同士でさまざまな財を取引する**C to C**（Consumer to Consumer）モデルが多く採用されています。個人間で不要となったモノなどをECプラットフォームなどで直接売買するビジネスです。消費者が参加しやすいプラットフォームが整備されたことに加え、**サステナビリティ**や**循環型経済**への関心の高さなどが背景となって、こうした中古品市場が活況を呈しています。

C to Cのシェアリングサービスの草分けが、米**エアビーアンドビー**です。エアビーアンドビーは、個人が保有する自宅や別荘を、宿泊先を探す旅行者と結ぶC to Cのマッチングサービスを大規模に提供しました。提供者（ホスト）は休眠資産を有効活用でき、利用者（ゲスト）はホテルよりも低額で利用できるとともに地域社会や伝統文化に触れることができる魅力から世界的に大きな需要を作り出しました。

また、米**ウーバー**（Uber）は移動したい利用者と自家用車のドライバーをマッチングさせる配車サービスをいち早く開始しました。国によってはタクシー運転手でない一般の人が自家用車を使って運転手として登録できます。利用者はアプリ一つで乗車場所と目的地をはじめ、車種やドライバーの指定ができ決済も完了します。

これらは個人が保有する遊休資産をシェアリングするサービスで、成長余地が大きい領域です。シェアリングエコノミーは持続可能な社会の実現に資する新しい経済システムとして、その成長に期待が寄せられています。

シェアリングサービスの種類

カテゴリ	サービス
スペースのシェア	民泊（部屋）、その他（駐車場、会議室、イベントスペース等）
モノのシェア	売買（フリマ等）、レンタル
移動のシェア	カーシェア、サイクルシェア、相乗り、その他（料理、買い物代行等）
スキルのシェア	対面型（家事や育児代行、体験等）、非対面型（記事執筆やデータ入力、デザイン制作等）
お金のシェア	購入型、その他（寄付型、貸与型、ファンド型、株式型）

出所：シェアリングエコノミー協会HPを一部修正

11 サブスク 2.0
Subscription 2.0

Key Point

- 「所有（購入）」を前提とするのではなく、「利用」や「シェア」することに対して定額で料金を支払うサブスクビジネスが急成長
- デジタルの世界からリアルの世界にもサブスクの波は押し寄せている

新しい消費体験を生み出した「サブスク 2.0」

サブスクリプションとは、新聞や雑誌などの定期購読を意味する「Subscription」を語源とする言葉です。商品やサービスの利用ごとに支払いが生じる「売り切り型」ではなく、定められた一定期間に「利用できる権利」に対して対価を支払うビジネスモデルです。

新聞の定期購読や牛乳配達のように、ある商品やサービスを1か月単位などの定額制で購入することで多少の割引を受けながら利用するサービスは初代サブスクリプションとして「サブスク 1.0」と呼ばれます。

その後、「所有（購入）」を前提とするのではなく、「利用」や「シェア」することに対して定額で料金を支払うサービスが誕生しました。これが今日のサブスクリプションで、初代と区別して「サブスク 2.0」と呼びます。デジタルとサブスクリプションの相性はよく、多くの分野でネットを活用して商品やサービスを「シェア」する定額サービスが誕生しました。サブスクリプション型の動画配信サービスによって驚異的な成長を遂げた**ネットフリックス**（Netflix Inc.）をはじめ、サブスクリプションと音楽ストリーミングサービスによって音楽の楽しみ方を変えた**スポティファイ**（Spotify Technology：SA）を代表とするデジタルコンテンツの定額配信サービス市場が一気に開花しました。

デジタルの世界でサブスクリプションの先駆けとして知られる企業が、Photoshop や Illustrator といった人気ソフトを抱える**アドビ**（Adobe Inc.）です。これまで、個別のソフトウェアを10万円前後で販売する永続型ライセンスモデルを長く展開してきましたが、毎月（もしくは毎年）定額で利用できるクラウドベースのサブスクリプションにいち早く移行しました。

リアルの世界でも進む「サブスク」

デジタルコンテンツで進んだ新しいビジネスモデルは、多くの業界が注目するようになりました。たとえば、月々定額で好きな車に乗れたり、最新家電や家具をお得に使い放題で利用できるサブスクサービスが生まれています。

デジタルの世界からリアルの世界にもサブスクリプションの波は押し寄せています。人々が定期的に使用する商品やサービスはどれもがサブスクリプションの対象になり得ます。その意味で、これからほぼすべての商品やサービスでサブスクリプションという選択肢が生まれる可能性はあり、これに向けて既存の「売り切り型」を継続している企業はこの大きなビジネスのトレンドに対応する術を検討せねばなりません。

実際に日本でもアパレル、食品、化粧品、飲食店、ヘルスケアをはじめ、さまざまな業種でサブスクリプションが取り入れられ始めています。車の乗り方も変わり、中古車のサブスクリプションが支持を集め、自動車は所有をしなくてもいい時代を迎えています。

サブスクリプションが支持されるのは、サービスの課金が収入源となるビジネスモデルの有望性にほかなりません。長期的な売上や利益を確保する手段となり得ることを先行する多くの企業が示してきました。

米アップルが手掛ける音楽、動画、ゲーム分野などのサブスクリプション型サービスの有料会員の契約数は10億件を突破し、過去3年で2倍に増えています（「日本経済新聞」2023年8月5日）。iPhoneに収益を依存したビジネスモデルからの脱却に同サービスが貢献しています。

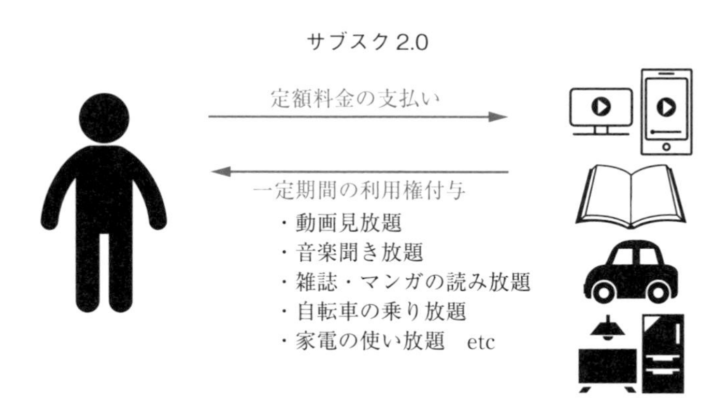

12 サブスク 3.0
Subscription 3.0

Key Point

- 利用者一人ひとりの嗜好に合った商品やサービスが提供され、それに対して定額料金を支払うサブスクリプションが台頭
- 手間暇をかけずに「おまかせ」で商品を提供するタイパに優れたサービス

顧客の「選ぶ」を省略した新たなサブスク

この先、サブスクリプションは「サブスク 2.0」(11 参照) から「サブスク 3.0」へ進化しようとしています。サブスク 2.0 が「商品やサービスの一定期間の利用に対して定額料金を支払う」のに対し、サブスク 3.0 は、利用者一人ひとりの嗜好に合った商品やサービスが提供され、それに対して定額料金を支払うサブスクリプションです。

これまで、消費者は膨大な商品やサービス、コンテンツの中から自分の好みを「選ぶ」のが一般的でした。一つのサイト内で完結するケースもあれば、複数のサイトやモールを見て回って最適な商品やサービス、コンテンツを選びます。この時間をかけて「選ぶ」という行為自体も買い物の楽しみの一つではありますが、サブスク 3.0 では、この「選ぶ」という行為を省き、消費者が主体的に選択する必要をなくした点に特徴があります。

サブスク 3.0 の企業事例として、アメリカの **STITCH FIX** (スティッチフィックス) を紹介します。同社は 1000 以上のブランドとスタイルから消費者一人ひとりの嗜好に合わせたアパレル商品を厳選して届けます。消費者は最初に体型、好きなもの、嫌いなもの、価格帯 (カテゴリーごとの予算)、好みなどの質問に答えます。AI とスタイリストにより、スタイルやフィット感、価格帯を反映した 5 つのアイテムと専門家のコメントが送られてきます。自分が普段選ばないような服が届くことで、新たなコーディネートにも挑戦できるといったこれまでにないサービスがアメリカで高い支持を得ています。

モノやサービスが溢れる現代社会において、パーソナライズされた商品や痒いところに手が届くサービスに加え、**タイパ (タイムパフォーマンス)** に優れたビジネスモデルに確かな需要が見込まれます。

サブスクが提供する価値

サブスク2.0であれ3.0であれ、サブスクリプション型ビジネスを展開する企業にとっては、「顧客を獲得したとき」がマーケティングの始まりです。契約後の**チャーンレート**（解約率）の推移を注視し、顧客が期待通りの価値を享受できているか、さらなるカスタマーサクセス（7 参照）の向上を通して持続的なロイヤルティの獲得に向けた努力が求められます。

そして、顧客がサブスクサービスを利用するほどデータが蓄積されていきます。データの分析によりパーソナライズされた商品やサービスの精度が高まります。長期的な関係性を築くことを可能にするサブスクサービスは、顧客からより多くの信頼を獲得することができ、**顧客生涯価値**（**LTV**：Life Time Value）の向上が期待できます。顧客生涯価値とは、顧客が企業と取引を開始してから取引を終えるまでの間に、企業にどれだけの利益をもたらすのかの総額を表す指標です。

サブスクリプションでは顧客は使った分だけ支払うので、パッケージ化された製品の販売や一度限りの販売に比べるとわずかな売上にしかならないケースも生じます。しかし、顧客が解約しない限りは、クロスセリングやアップセリングをかけなくても顧客生涯価値は増していくという特徴があります。

サブスク3.0は、まさに**個別対応（個客）**を志向するマーケティングの究極の手段の一つとして位置付けられるとともに、タイパ世代に広く支持される新しい買い物体験として注目されます。手間暇をかけずに「おまかせ」で商品やサービスを提供するビジネスモデルは今後さまざまな業界に広がりそうです。

サブスク2.0から3.0への進化

サブスク2.0

売り手：画一的なオファー

↓

買い手：膨大なオファー（選択肢）から、商品・サービスを「選んで」利用

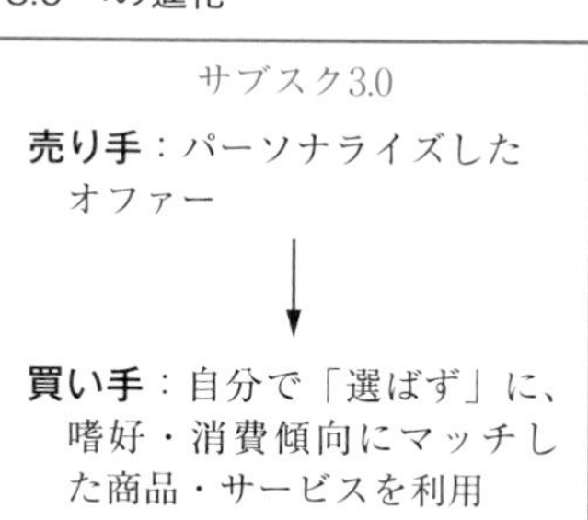

13 リカーリング
Recurring

Key Point

・一度の販売で取引を完了するのではなく、購買後も継続して顧客にとっての価値を提供することで、長期的な収益を目指すビジネスモデル
・製造業によるリカーリングモデルの可能性が大きく広がり、日本製造業も続々参入

長期的な収益を目指すビジネスモデル

世界的に有名なギターメーカー米**フェンダー**（Fender）は、世界で初めてとなる旗艦店「FENDER FLAGSHIP TOKYO」を2023年6月に東京の原宿・表参道にオープンしました。ブランド創設77年の歴史を有するフェンダーが、世界初の旗艦店を日本に出店したことが大きな話題になりました。

同社は、ギター市場の低迷を受けて一時は業績を落としていたものの、コロナ禍の巣ごもり需要を追い風に業績を急激に回復させました。回復の切り札となったのが、「Fender Play」というギター学習のプラットフォームです。これは、ギター初心者を対象にしたオンライン学習プログラムであり、何千もの指導ビデオと実践的な練習で構成されています。利用客は上達したい音楽ジャンルや演奏したい曲を選んで、短く構成されたカリキュラムで学びます。

このように、フェンダーはこれまでのように単にギターを販売するだけでなく、販売後も顧客と継続的に繋がり、収益を上げていく「リカーリング」を採用したのです。リカーリングとは、循環する、繰り返される、といった意味があり、販売した後も取引を継続できるビジネスモデルを指します。「サブスクリプション」（11 参照）もリカーリングモデルの一種であり、フェンダーのケースも月額の定額を支払うサブスクリプションモデルです。

リカーリングは定額支払いのサブスクリプション以外にも、製品やサービスの利用時間や回数などに応じて支払金額が変動する従量課金型があります。一度の販売で取引を完了するのではなく、購買後も継続して顧客にとっての価値を提供することで、長期的な収益を目指すビジネスモデルとして期待されています。

日本製造業で進むリカーリングシフト

IT 企業によるオンラインサービスのサブスクリプションが注目されますが、製造業においてもリカーリングモデルの必要性が叫ばれています。これまで、製造業では「単品売り切り型」ビジネスが一般的でした。日本の高度成長を支えた家電や自動車に代表されるものづくり産業の多くがこの売り切り型モデルで高い競争力を有してきました。日本製造業は製品の品質や機能で差別化を図ってきましたが、激化する国際競争の中で新興国メーカーの技術水準が向上したことで、日本企業が生み出す製品の優位性は低下しました。

各製造企業がサービス化へのシフトを模索する中、オンラインビジネスや高速ネットワーク、IoT（69 参照）によるセンサー技術などが台頭したことで、製造業によるリカーリングモデルの可能性が大きく広げられました。日本の製造業によるリカーリングモデルの一例を表に示します。

顧客は購入後の顧客体験を重視するとともに、カスタマーサクセス（7 参照）に向けた購入後の支援を求める傾向が強まっています。もはやハードウェアの性能や機能のみでは、顧客に選ばれる時代ではなくなっているのです。

日本製造業のリカーリング（一例）

種類	特徴
コマツ「KOMTRAX」	機械情報を遠隔で確認するシステム
トヨタ自動車「KINTO」	車両本体価格と必要諸費用を月々定額
日立製作所「Lumada 事業（コネクテッドプロダクト）」	コネクテッドプロダクトの拡大・機能強化
パナソニック「foodable」	キッチン家電とこだわり食材の定額利用
ブリヂストン「Mobox」	乗用車用タイヤ＋メンテナンスの定額利用
ソニー「PlayStation Plus」	フリープレイやオンラインマルチプレイなど定額課金サービス
オムロン「自動走行ロボット」	清掃・警備・案内の 3 役ロボの定額課金サービス
ホンダ「個人配達員向けバイクサブスクリプションサービス」	配達用バイク＋保険＋メンテナンス・コールセンターによるサポート・事故時のロードサービス
セイコーエプソン「オール・イン・ワンプラン」	プリンター＋インク＋保守サービスの法人用定額課金サービス
三菱電機「MeAMOR（ミアモール）」	家電で高齢者見守りサービスの定額課金サービス
ヤマハ「ヤマハマリンクラブ・シースタイル」	ボート・水上バイクなどの定額課金サービス

出所：各社 HP

D2C

Direct to Consumer

Key Point

- ファッション業界を中心にデジタルネイティブ世代から高い支持を得るブランド
- SNSやWebサイトでユーザーにダイレクトにブランドの世界観やパーパスを発信し、自社ECサイトで直接販売

顧客とダイレクトな取引を志向するブランド

消費生活や企業活動の多くがデジタルシフト（76 参照）する現代において、いくつもの新しいビジネスモデルが台頭しています。その一つがD2C（ダイレクト・トゥー・コンシューマー）であり、アパレルや化粧品・コスメ業界を中心に導入するメーカーが増えています。

D2Cは、その名の通り、ダイレクトに製造業者が消費者と取引するビジネスモデルです。小売や卸などの流通業（仲介業者）を介さずに、商品企画から販売まですべての工程を自社で行います。一般的には、自社のWebサイトなどの「オウンドメディア」と各種SNSなどの「アーンドメディア」（46 参照）を組み合わせて、ダイレクトにユーザーとコミュニケーションを行い、自社ECサイトや店舗で直接販売を行います。

メーカーが流通業者を介さずに顧客にダイレクトに販売する方法は、これまでもありました。ファッション業界では、米GAPを先駆けとする**SPA**（製造小売業）がそれに該当し、企画から生産、販売までの垂直統合型のサプライチェーンモデルが広く知られています。ZaraやH&M、そしてユニクロなど世界のアパレル市場を牽引するブランドがSPAを取り入れています。

SPAとD2Cはどちらもメーカー直販の形式であり、価格競争力のある商品を展開することを可能にします。両者の違いは、まずは販売チャネルに見られます。SPAは「製造小売業」の名の通り、自社で店舗を運営しますが、D2Cは店舗を持たずECで販売します。ただし、最近はSPAブランドもリアル店舗を閉鎖してEC展開を強化する動きがありますし、D2Cは反対に期間限定の**ポップアップショップ**や**体験型店舗**（23 参照）への展開を始めており、オンラインとオフラインの垣根を超えた**OMO**（20 参照）化が進んでいます。

高度なクリエイティブと低価格を両立

さらに、顧客へのコミュニケーションのあり方もSPAとD2Cは異なります。従来のブランドの多くは、広告会社やPR会社を通じてブランディングやプロモーションを行ってきました。これに対しD2Cでは、SNSやWebサイトを通じて直接消費者にブランドの世界観やストーリーなどのメッセージを届けます。

D2Cにおいて、「ブランドの世界観・ストーリー」は非常に大切です。ブランド固有の価値やイメージが弱いと、モール型EC等で扱っているブランドと差別化を図ることができません。D2Cブランドは機能や性能といった**機能的価値**の優位性を前面に出すことよりも、ブランドの思いやストーリー、そしてフィロソフィーといった**意味的価値**に共感してもらうコミュニケーションが求められます。D2Cの主要ターゲットは**デジタルネイティブ世代**の若者です。同世代はそれまでの世代に比べ、ブランドや企業の世界観や**パーパス**（存在意義や社会的価値）を重視する傾向が指摘されています。

成功しているD2Cブランドは、革新的でいながら洗練さと高級感のバランスの取れた高度なクリエイティブを実現するとともに、低価格を両立しています（図）。これが、従来のメーカー・ブランドとの違いとなります。

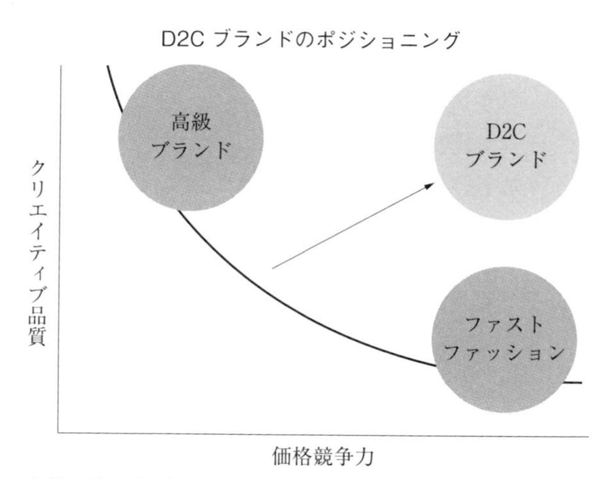

出所：佐々木（2020）p.155

15 ダイナミックプライシング
Dynamic Pricing

Key Point

・製品やサービスの価格を需給変動に応じて、柔軟に変更するシステム
・収益最大化に繋がる「時価」を自動的にAIが導き出し、収益の最大化や機会ロスの防止、商品在庫の最適化や人的リソースの削減などの効果が期待

「売れる価格」はAIが決める

どんなビジネスにとっても、商品やサービスの取引価格を決定する「プライシング（値付け）」は、買い手の購買意思決定に大きな影響を与える重要なマーケティング要素です。

近年、商品やサービスの価格を需給変動に応じて動的に変更する「ダイナミックプライシング」を導入する企業が増えています。**価格変動制**や**動的価格調整**とも呼ばれる価格戦略です。アメリカで先行してきたダイナミックプライシングですが、これまで一物一価が根付いてきた日本でも多くの業界・市場でこれを導入する試みが加速しています。

商品やサービスの需要が高まると、価格を高くすることで需要を抑制させます。反対に、需要が減少すると価格を低くすることで需要を喚起します。このように、ダイナミックプライシングでは、需給に合わせて価格をコントロールすることによって、効率的な収益増を実現することが期待されます（図）。

そして、この「売れる価格」はAI（68 参照）が決める時代になりました。これまでの販売状況や売れ行き予測などに応じて、タイムリーに価格を変動することが可能になりました。価格をいくらにすれば需要が増えるのか、どのタイミングで価格を変動すればよいのか、というこれまで人間が行ってきた難しい意思決定をAIが人間に代わって行います。

曜日や時間帯、時期、天気別の販売実績など過去の自社データに加え、競合他社の価格、周辺のイベント状況など需要に影響を与えるあらゆる変数から、最も収益最大化に繋がる「時価」を自動的にAIが導き出す仕組みであり、サービス業や小売業を中心に導入が進められています。

最適価格の実現により収益を最大化

価格変動制は、アメリカの航空大手が1980年に本格的に導入したのが先駆けと言われます。その後、日本でも航空業界やホテル業界が導入してきました。かつては、過去の実績に応じた経験や勘に頼るところが大きく、正確性や即時性という点では課題がありましたが、AIの精度向上に伴い、正確性を持ったフレキシブルな価格変動が可能になりました。

最近では、スポーツ観戦のチケットやテーマパークの入場料をはじめ、EC、スーパーマーケットの小売価格、タクシーや鉄道、高速バスなどの運賃、トラック輸送などの物流費など、幅広い分野で活用が進んでいます。

小売の世界ではいち早く米**アマゾン・ドット・コム**（以下、アマゾン）が取り入れました。膨大な取引データをもとに一日に何度も価格の変更が行われるケースもあります。ECの台頭で変化を求められるリアル店舗でも、紙のプライスカードから**デジタル棚札**を用いる企業が増えました。リアルタイムの価格変動を実現するとともに、値札交換の手間が省けて人件費を抑えることができます。**POS**と連動するので価格間違いが起きにくいという利点やECとの価格の統一という点でも有効です。

ダイナミックプライシングによる最適価格の実現によって、収益を最大化させたり、商品在庫の最適化や人的リソースの削減などが期待されますが、その一方で、導入コストや運営コストの高さをはじめ、ビッグデータの蓄積、さらにはロイヤルティの高い顧客を失うというリスクもあり、その運営には慎重な判断が求められます。

ダイナミックプライシングの特徴

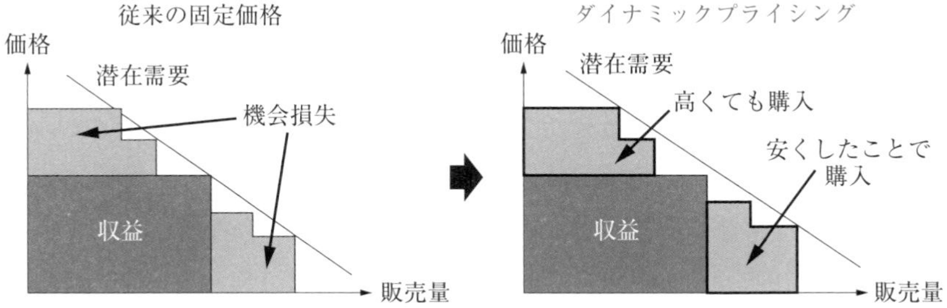

資料：NECニュースリリース（2021年3月29日）

16 デジタルネイティブ
Digital Native

Key Point

・デジタルネイティブ世代の理解と適応は、現代マーケティングの中心課題
・広告に代わり、企業の社会的な姿勢やブランドのストーリー、パーパスを評価し、それに共感できるものを支持する傾向

現代マーケティングの鍵は同世代への理解と適応

消費財企業の多くが、従来のマーケティングや広告が「デジタルネイティブ」世代には効果的でないことを認識し、同世代への理解と適応を重要なマーケティング課題にしています。

デジタルネイティブ世代は、上の世代と比較してインターネットが日常生活に広く浸透した時代に幼少期や学生時代を過ごし、各種デジタル機器に触れながら育った世代です。メディア環境の変化も一因となり、デジタルネイティブと上の世代とはコミュニケーション手法や価値観、消費行動は大きく異なっていることが指摘されてきました。

30代を中心とする**ミレニアム世代**は、概してパソコンでインターネットを閲覧・利用することを中心に過ごしてきたのに対し、10代、20代の**Z世代**は学生時代からスマホで情報収集・情報発信をすることが当たり前の世代という違いはありますが、両世代ともにテレビや新聞よりもWebサイトやSNSで情報を収集したり、商品やサービスを購入する傾向が強いです。

諸説ありますが、ミレニアム世代は一般的に1980年代から1990年代前半に生まれ、2000年代以降に成人した世代を指し、Z世代は1990年代後半から2010年頃までに生まれた世代を指します。

メディアの視聴時間は、デジタルネイティブ世代は、平日・休日ともにネットの利用時間がテレビの視聴時間を大きく上回ります。このことは、テレビの視聴時間が長い40代以上とは異なり、CMでの訴求効果が限定的なことを裏付けます。ネット視聴の内容も異なり、ソーシャルメディア系サービスの利用率を見ると、世代間で大きな開きが見られます（表）。

大企業が仕掛ける人為的なトレンドに左右されない

SNSやインターネットを通して、多様な情報を受け取るデジタルネイティブ世代は、価値観が多様化している世代とも言われます。とりわけ、10代、20代のZ世代は、多様性を当たり前のこととして受け入れる傾向が強く、ダイバーシティーやインクルージョンへの関心はとくに高いと言われます。さらに、SDGsに象徴される環境問題や社会問題に対しても強い関心を示します。

消費に関する調査では、「広告臭がする、やらせっぽく感じるものは苦手だ」(71.9％)、「好きなブランドでも広告っぽいと見たくない」(38.5％)という興味深い結果が見られました(TikTok For Business HP)。広告の存在を当たり前のように受け入れてきた中高年の世代との開きを感じるとともに、こうした世代への企業のアプローチの難しさを感じます。個人がInstagramやTikTokでおすすめした商品が拡散されて爆発的に売れたり、紹介した店舗に行列ができます。大企業が資本を投じて仕掛けた人為的なトレンドに左右されることなく市場を動かします。

情報感度やリテラシーの高いデジタルネイティブ世代には、透明性を持って企業やブランドの情報を発信することが大切です。伝統やネームバリューに代わって、企業の社会的な姿勢やブランドの世界観やストーリー等を評価し、それに共感できるものを支持する傾向が見られます。D2Cブランド(14 参照)が台頭する背景には、こうしたZ世代やミレニアム世代の価値観があります。

デジタルネイティブの嗜好に寄り添い、同世代を味方にしたビジネスを展開できる企業とそうでない企業、その差はこの先ますます広がっていくでしょう。

主なソーシャルメディア系サービスの利用率(2021年度)

	10代	20代	30代	40代	50代	60代
Twitter	67.4％	78.6％	57.9％	44.8％	34.3％	14.1％
Facebook	13.5％	35.3％	45.7％	41.4％	31.0％	19.9％
Instagram	72.3％	78.6％	57.1％	50.3％	38.7％	13.4％
TikTok	62.4％	46.5％	23.5％	18.8％	15.2％	8.7％
YouTube	97.2％	97.7％	96.8％	93.2％	82.5％	67.0％

出所：総務省情報通信政策研究所HP

MA（マーケティング・オートメーション）
Marketing Automation

Key Point

- 顧客属性や体験データに基づき、顧客に効果的なマーケティング施策を自動化・最適化するシステム
- MA によって、顧客一人ひとりへ最適なタイミングで価値ある情報発信を実現

マーケティング施策を自動化・最適化

デジタル時代のコミュニケーション戦略は、ここ数年で大きく進化しました。たとえば、あるアパレル企業では特定の商品写真をネットで見た顧客に対して、その商品を使ったコーディネート写真をメールで自動配信する施策を展開しています。さらに、売上に繋がりやすいと推測されるコーディネート写真も自動的に選択して展開します。

また、ある小売企業では、各部署に点在する実店舗の顧客データと EC サイトの顧客データ（アクセスログや販売に関する情報）を統合し、顧客一人ひとりに対して、最適なタイミングで価値ある情報をアプリで自動的にプッシュ通知しています。

これらを可能にしているのが、マーケティング業務を自動化する MA（マーケティング・オートメーション）です。顧客属性や体験データに基づき、顧客に適切なマーケティング施策を自動化・最適化するシステムを指します。

これまで、MA が主にその効果を発揮してきたのが、**リードナーチャリング**です。リードとは、見込み客のことで、自社の顧客になる可能性がある人たちです。Web サイトや SNS、セミナー、展示会などをきっかけに自社の商品やサービスと出会い、関心を持っている層です。リードの中には、「少しだけ関心を持っている」という人から「前向きに検討したい」さらには「今すぐにでも購入（契約）したい」という人たちまで、その関心度合いはまちまちです。

このようなリードの関心度合いや検討期間（接触期間）等に応じた内容やタイミングでコミュニケーション戦略を行うことができれば、リードを次の検討段階へと育成（ナーチャリング）することが期待できます。

リードを一元管理したコミュニケーション戦略

マーケティング業務を自動化するMAは、欧米企業が先行して導入し、MAによりマーケティング施策ごとに効果の分析と可視化が進められてきました。日本企業のMA導入状況は、欧米に比べて遅れを取っているのが現状です。

リードの検討段階や関心度合いを踏まえたMAを展開することで、マーケティングや営業活動の効率を格段に高めることが期待されます。優先的にアプローチすべきリードの発掘にも繋がります。

産業財を扱うB to B企業で言えば、リード一人ひとりごとの受注確度が可視化できます。それに応じて、受注確度の高いリードと低いリードを識別・管理することが可能になります。

MAの対象は、上述のリードナーチャリングだけではありません。既存顧客へのコミュニケーション活動でも効果を発揮します。継続利用を促進することに加え、**アップセリング**（顧客が普段利用している商材よりグレードアップした商材を提案する手法）や、**クロスセリング**（顧客が普段利用している商材と関連性の高い商材を提案すること）の効果も見込めます。

このようなMAは、リードの検討期間が比較的長期に及ぶB to B企業が先行して展開してきました。ここ最近では、冒頭の事例のように消費財を扱うB to C企業にも導入され始めています。リードを一元管理して、それぞれのリードに適したコミュニケーションを自動で行うことができるMAの需要は今後ますます高まっていくでしょう。

MAのプロセス

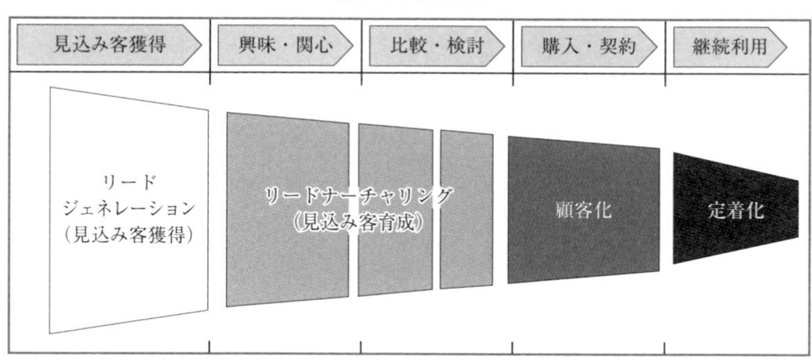

18 ファンベース
Fanbase

Key Point

- ファンを大切にして、中長期的に売上や価値を上げていくファンベースがブランドや企業の安定的な成長にとっての鍵
- 新規顧客獲得の原動力は、広告でなく、熱烈なファンの存在そのもの

プロモーションの限界を打破するファンベース

大々的にCMなどマス広告を展開すれば、一定の認知度や話題性を高めることができます。しかし、一時的に話題になったとしても、継続的に売上を伸ばしたり、ブランド力を高めていくことは容易ではありません。

巨額の広告費を使っても新規顧客の獲得に期待通りの成果が得られなかったり、新規顧客を獲得しても継続的に利用してもらえなければ、ブランドや企業の成長には繋がりません。メディアが多様化してコンテンツが溢れる現代では、マスメディアを通した一方向的な情報伝達でマーケティング目標を達成することは困難になっているという現実があります。

今日のマーケティングでは、伝統的なプロモーション（95 参照）とは異なるコミュニケーションが求められています。広告の効果が限定的になりつつある現代において、注目を集めているのが「ファンベース」です。

提唱者の佐藤尚之氏は、ファンベースとは、「ファンを大切にして、中長期的に売上や価値を上げていく考え方」と定義し、現代の生活者の消費行動を促すためには不可欠な取り組みであると指摘します。そして、ファンベースが必然な理由を3つ挙げています。

① ファンは売上の大半を支え、伸ばしてくれるから

② 時代的・社会的にファンを大切にすることがより重要になってきたから

③ ファンが新たなファンを作ってくれるから

ファンの支持を強くするアプローチ

メディアや情報過多に加え、人口減少と高齢化に歯止めがかからない日本において、すでに取引のある既存顧客のリピート率を上げることがブランドや企業成長の最優先課題に台頭しています。**パレートの法則**で示されている通り、

売上の80％がリピーターである上位顧客20％によってもたらされると考えられています。既存顧客であるファンを大切にする「ファンベース」の考え方が、ブランドや企業の安定的な成長にとって不可欠であるという考え方が支配的になっています。

コアなファンが売上の大黒柱であることに加え、ファンがファンを作ってくれるという大きな役割が期待されます。ファンである既存顧客は、好きなもの、よいものを周りに伝えたいという気持ちを持ち合わせます。知人や家族にその魅力を発信するという広告塔の役割を“意識しているわけでなく”自然に担ってくれるのです。

企業の広告に懐疑的な現代の消費者にとって、身近な存在の人からの熱のこもったリアルな声を信頼する傾向が強まりを見せています。今や、新規顧客獲得の原動力は、広告でなく、熱烈なファンの存在そのものなのです。したがって、企業から顧客へのコミュニケーション戦略の関心は、コアなファンの支持をどのようにしてさらに強めていくのか、という点に置くべきでしょう。

既存のファンに向き合い、ファンの声に耳を傾け続けることで、ファンを喜ばせること、失望させないことが大切です。企業のコミュニケーション戦略は、この点を中心に再構築していく必要があります。ファンの支持を強くするためのアプローチとして佐藤氏は「共感」「愛着」「信頼」を挙げ、それぞれ強めていく施策を提示しています。

ファンの支持を強くするアプローチ

共感を強くする	愛着を強くする	信頼を強くする
A. ファンの言葉を傾聴し、フォーカスする	D. 商品にストーリーやドラマを纏わせる	G. それは誠実なやり方か、自分に問いかける
B. ファンであることに自信を持ってもらう	E. ファンとの接点を大切にし、改善する	H. 本業を細部まで見せ、丁寧に紹介する
C. ファンを喜ばせる。新規顧客より優先する	F. ファンが参加できる場を増やし、活気づける	I. 社員の信頼を大切にし「最強のファン」にする

出所：佐藤（2018）

19 ジョブ理論
Jobs Theory

Key Point

・ジョブは「ある特定の状況で顧客がなし遂げたい進歩」であり、ジョブを解決するために顧客は商品やサービスを「雇用」するという理論
・顧客の「片付けるべき重要なジョブ」を理解することがマーケティングの成功に不可欠

顧客が特定の商品・サービスを購入する本来的な理由

現代の企業が果てしなくデータを蓄積しているものの、どういうアイデアが成功するかを高い精度で予測できるようには体系化されていないという問題点が指摘されてきました。

世界的な経営学者**クレイトン・クリステンセン**氏は、「知っていることが増えた気になるほど、イノベーションは思い通りに進まなくなる」と言います。そして、従来の**イノベーション理論**に欠けていたものが、「顧客にある特定の製品・ブランドやサービスを購入して使用するという行為を起こさせるものは何か」という最も本来的な問いであると振り返ります。

顧客が「なぜ」ある特定の商品を買うのか、という問いに答えを出せるのが「ジョブ理論」です。クリステンセン氏は、「私たちが商品を買うということは基本的に、なんらかのジョブを片付けるために何かを『雇用』するということ」と説き、ジョブという言葉を「ある特定の状況で顧客がなし遂げたい進歩」と定義しました。

この「進歩」を顧客が片付けるべき「ジョブ」と呼び、ジョブを解決するために顧客は商品を「雇用」するという言い方をしています。日常生活において発生する「ジョブ」を解決するための手段として私たちは具体的な商品やサービスを雇用しているということになります。

購入した商品やサービスが利用者の特定のジョブをうまく片付けてくれたら、次に同じジョブが発生したときには同じ商品・サービスを継続購入・利用し、それとは反対にジョブがうまく解決できず、片付け方に不満が発生すれば、それを「解雇」し次回には別の商品・サービスを雇用するというものです。

顧客が片付けるべきジョブを理解することが鍵

クリステンセン氏は「ジョブ理論のレンズを通してイノベーションを見ると、その中心にあるのは、顧客ではなく、顧客の片付けるべきジョブである」と主張します。著書では、「どうすればミルクシェイクが売れるか」という課題に直面したファーストフードチェーンの事例が取り上げられています（図）。従来のリサーチでは、味や香り、サイズや価格について意見を尋ねていましたがあまり効果がありませんでした。そこで同氏は調査の視点を変えて「何をするためにミルクシェイクを雇った（買った）のか」を尋ね、実際にどのような「ジョブ」を片付けるためにミルクシェイクを雇っているか、具体的な利用シーンを突き詰めました。顧客の短期的なニーズだけでなく、本来的に解決したいジョブを考える視点の重要性を主張しました。

顧客のジョブを完全に理解するには、ある特定の状況で顧客がなし遂げようとしている進歩を、機能的あるいは実用的な側面に加え、社会的、感情的側面も含めて理解し、さらに顧客が引き換えにしてもいいと考えているものを理解していく必要性を主張しています。

こうして、顧客が片付けるべきジョブを理解することができれば、顧客が進歩しようとするときに、「何を最も気にかけているのか」という本質的な側面を理解することができます。状況に応じた「雇用」の基準を理解することによって、それが引き金になって重要な知見を得ることが期待されます。

ジョブ理論の視点（ミルクシェイクの事例）

出所：クリステンセンほか（2017）を一部修正

第 2 章

メディア・リテールの革新

OMO
Online Merges with Offline

Key Point

・オンラインとオフラインを分断せずに、両者を一体のものとして融合させることで、買い物体験や顧客体験を最大化する取り組み
・シームレスな購買体験により、顧客体験を最大化するとともに機会損失を防止

新しい顧客体験を実現するOMO

従来のビジネスは、オンライン（ネット）とオフライン（実店舗）の境界がしっかりと引かれ、それぞれの領域でビジネスが完結しました。それに対し、OMO（Online Merges with Offline）は、オンラインとオフラインを分断せずに、両者を統合し、それぞれの優れたところをうまく組み合わせた取り組みを表します。顧客にとってオンラインとオフラインの垣根をなくして、買い物体験や顧客体験を最大化する試みと捉えることができます。

OMOという用語が普及し始めたのは2017年頃です。それまでは、**O2O**（Online to Offline）という概念に注目が集まっていました。O2Oは、オンライン上で顧客接点を持ち、それをきっかけに実店舗（オフライン）への来店を促す仕組みです。自社で保有するオウンドメディアやSNS、さらにはポータルサイトへクーポンや新製品・キャンペーン情報などの広告を配信することで実店舗への集客を行う施策として多くの企業が取り入れました。

OMOはO2Oとは異なり、オンラインとオフラインを切り離して考えることはしません。両者の垣根を物理的にも意識的にも感じさせない**シームレス**な状態を言います。

OMOが普及した背景には、急速に進化を遂げる技術的な側面以外にも、「ECと実店舗を垣根なく使い始めたい」というユーザー側の嗜好の変化があります。オンライン、オフラインの区別なく、気に入ったものをそのときその場でスマホを通して購入する消費行動が若い世代を中心に急速に拡大しています。このような顧客体験の場をシームレスに提供する取り組みが重要になっています。

EC専業企業によるリアルへの進出

OMOと類似する概念として、**オムニチャネル**があります。オムニチャネルもオンライン、オフライン問わず、あらゆる顧客接点をそれぞれ連携させる戦略ですが、どちらかと言うと売り手（企業）視線の取り組みであり、各チャネルをどう連携して一元管理していくか、販売の効率性が優先されます。一方、OMOは買い手（顧客）視線の取り組みであり、顧客に商品の選択から購入、配達やアフターフォローまで、オンラインとオフラインの垣根を意識させずに快適な買い物体験を提供していくことで顧客満足度（98 参照）の向上を目的にしています。

OMOに力を入れてきたのは、まずはリアル店舗を有する小売業です。OMOの先進的企業は、中国の**アリババ集団**（以下、アリババ）が展開するフーマーフレッシュ（盒馬鮮生）です。同店舗については、21（ニューリテール）で解説します。

流通業以外にOMOに力を入れるのがアパレル業界です。オンラインでもショップスタッフから専門的な接客サービスを受けて実店舗と同じような商品選びができたり、ECで選んだ商品を実店舗で着心地やサイズを確認するなどさまざまな新しいサービスが生まれています。

加えてオンラインでの買い物では不足しがちな双方向のリアルタイムなコミュニケーションを提供できるため、顧客の満足感も高まります。これらの展開によって、顧客はオンライン上で実店舗での買い物に近い体験、あるいはそれ以上の体験ができるようになりました。

最近では、EC専業企業がOMOの対応を進め、リアルな世界へ進出する動きが見られます。リアル店舗ならではの新しい出会いやショッピング体験の機会を提供するとともにデータの取得や活用によりデータ駆動型のビジネスを加速させることに繋げています。OMOは、これまでのECだけではリーチできなかった新しい顧客の発掘や既存ファンとの深いコミュニケーションを生み出す機会にもなっています。

OMO導入のメリット

① シームレスな購買体験により、顧客体験の魅力を最大化
② シームレスな購買体験により、取引の機会損失を防止
③ オンラインとリアル双方のデータの取得や活用
④ 新しい顧客の発掘と既存顧客の顧客生涯価値や満足度の向上

21 ニューリテール New Retail

Key Point

- デジタル技術とデータを活用し、買い手一人ひとりのニーズや消費スタイルに合わせた買い物体験をオンラインとオフラインの垣根なく提供する小売ビジネス
- 店内の買い物カゴとスマホの買い物カゴを使い分けながらの買い物体験を実現

オンラインとオフラインを融合させた小売ビジネス

「ニューリテール（新小売）」という言葉は、中国のデジタル経済を牽引してきたアリババの創業者、**馬雲（ジャック・マー）**氏が2016年に提唱した概念であり、同社の中核的な戦略理念です。アリババはニューリテールについて、「モバイルインターネットとデータテクノロジーを用いることで、小売業のデジタルトランスフォーメーションを実現し、オンラインとオフラインを融合させた新しい消費体験を提供する（小売プラットフォーム）」と説明します。

次世代の小売事業として期待されるニューリテールは、デジタル技術とデータを最大限活用し、買い手一人ひとりのニーズや消費スタイルに合わせた買い物体験をオンラインとオフラインの垣根なくシームレスに提供します。この新しい特徴を有する小売は、中国ではスーパーマーケットや飲食店、そして地域密着の小型商店などさまざまなタイプに見られます。

アリババはニューリテールの実現に向けて、ECで培ったノウハウや技術を使って店舗のデジタル・ハイテク化を急速な勢いで推進してきました。さらに同社は独自の電子決済「**アリペイ**（支付宝）」を通じて得たビッグデータを活かし、各種サービスの充実や新たなビジネスの展開を図っています。

こうした動きは、中国のEC市場でアリババと熾烈な競争を展開する**ジンドン**（**京東集団**／JD.com）や**テンセント**（騰訊控股）も後に続きます。これらの大手IT企業は、収益源の多様化に向けてリアル店舗を持つ小売業への参入を積極的に試みています。これらIT企業はECでの成功による豊富な資金をバックにして、既存の小売業や物流企業などへのM ＆ A（合併・買収）に余念がなく、ニューリテールの覇権争いが激しさを増しています。

フーマーフレッシュに見るニューリテールの真髄

アリババのニューリテールを体現した小売業が「**フーマーフレッシュ**（盒馬鮮生）」（以下、フーマー）です。名前に「鮮生」が入っている通り、新鮮な食材が充実したスーパーマーケットです。なかでも、従来のスーパーマーケットが力を入れてこなかった海鮮の品揃えが充実しており、店内に置かれた巨大な生け簀には豊富な種類の魚介類が売られています。フーマーは、2016年に上海で開業して以来、中国の大都市圏を中心に店舗数を拡大しています。2023年7月時点で中国主要都市に約300店舗を構えています。

店内の商品はすべてスマホで注文・決済が可能です。店舗で自分の目で食品を選び、注文は商品に付いているQRコードやバーコードで行い、自宅に配送してもらえます。来店せずにスマホアプリやECサイトから商品を注文して自宅に30分ほどで運んでもらえます。店内の買い物カゴとスマホの買い物カゴを使い分けながらの買い物体験が可能であり、OMOで先行く小売業です。

アリババが運営する巨大ECサイトである「淘宝網（タオバオ）」や「天猫（Tmall）」には莫大な購買データが蓄積されています。このデータと配送先データを組み合わせて分析すれば、各店が出店したエリアに住む顧客がどのような品揃えを好むのかを定量的に把握できます。ビッグデータとAIを駆使して、店舗とEC双方の売れ筋商品に加え、商圏の住民の属性や嗜好を踏まえた品揃えで魅力的な売り場を作っています。

ニューリテールの先駆者「フーマー」

出所：筆者撮影（2019年8月上海）

22 スマートリテール
Smart Retail

Key Point

・AI や IoT、RFID 等を活用した売り場で新しい買い物体験を実現
・従来の買い物の煩わしさやストレスといった負の側面をデジタル技術で徹底的に排除すると同時に売り場効率の最大化を実現

スマートな買い物体験を実現

小売の現場では、急速に DX 化が進んでいます。なかでも、キャッシュレス決済や AI、RFID 等を活用した売り場で新しい買い物体験を作り出す小売を総称して「スマートリテール」と呼びます。国内外の小売や IT 企業がスマートリテールの開発にしのぎを削っています。

スマートリテールの展開で注目を集めたのが、EC で成功を収めた巨大 IT 企業や物流大手です。実店舗の小売業との資本提携を進めて、従来の買い物の常識を覆す新しいタイプのリアル店舗の運営に乗り出しました。その筆頭は、アマゾンが展開する**アマゾン・ゴー**であり、「Just Walk Out」のコンセプトのもと、無人の自動決済システムに見る革新性が驚きをもって報道されました。

2018 年初頭にいち早く実用化した店舗では、AI を搭載したカメラ（27 参照）や重量計センサーによって、小売店では当たり前だった「レジに並ぶ」という行為が取り払われた、新しい買い物体験に注目が集まりました。入り口のゲートで QR コードを読み込ませて入店すれば、後は気に入った商品をバッグに入れて、そのままゲートを通れば買い物終了です。退店後まもなくするとスマホにレシートが届き、決済が完了するシステムです。

日本においても、店舗 DX のリーディングカンパニーとして知られる**トライアルカンパニー**や高輪ゲートウェイ駅（JR 東日本・山手線）の無人 AI 決済店舗（26 参照）などを手掛ける **TOUCH TO GO** でもウォークスルー型のキャッシュレス店舗など独自のスマートリテールの開発が進んでいます。

スマートリテールの特徴

スマートリテールの運営システムは、実験中のシステムを含めて多岐にわたりますが、その注目すべき運営システムを整理すると表に示す A から E までの

5つの要素が挙げられます。

A（**AI**）：AI主導のマーチャンダイジングを実現します。AIを活用した需要予測から品揃えや在庫の適正化、ダイナミックプライシング（15参照）による需給に応じた最適な価格設定を実現します。さらにAIカメラにより、人流の解析やレジなし店舗の実現など店舗運営の効率化を可能にしています。

B（**Big data**）：AIカメラやセンサーで取得したデータに加え、ID-POS（61参照）などで、小売の店舗はデータの宝庫となりました。店舗から毎日、リアルタイムに生まれるビッグデータの活用は、流通業の成長を大きく左右する要素になっています。小売チェーンではこれまで共通の品揃えや陳列を行ってきましたが、各種データから地域や客層のニーズに合わせた商品構成や棚割りなどの売り場づくりが重要になっています。

C（**Cashless**）：キャッシュレス決済は、顧客の利便性と人手不足に悩む流通業の省力化の両立を実現します。QRコードを介したスマホ決済に加え、顔認証など生体認証による決済も注目されています。さらに、レジなし店舗や無人店舗のさらなる普及において、キャッシュレス決済は不可欠となります。

D（**Delivery**）：アメリカや中国ではQコマース（34参照）やOMOに対応したスマートリテールが普及しています。デリバリー手段を多様化したスマート店舗がこれから日本でも増えていくでしょう。

E（**Efficiency**）：これらの取り組みを通して、従来の買い物の煩わしさやストレスといった負の側面をデジタル技術で徹底的に排除すると同時に、売り場効率の最大化を図れるのがスマートリテールの特徴であり、日本でもさらなる発展が期待できます。

スマートリテールを起動する5つの要素

- A（AI）：需要予測から品揃えや在庫の適正化、価格の最適化等を実現
- B（Big data）：ビッグデータを活用した売り場の最適化を実現
- C（Cashless）：現金を使わない決済手段で利便性と安全性を向上
- D（Delivery）：配送方法の多様化やクイック配送の実現
- E（Efficiency）：自動決済や無人・省力化など売り場効率の最大化を実現

23 体験型店舗
Experience Store

Key Point

- 商業施設を取り巻く環境が変わる中、販売を主たる目的としないショールーム型の店舗「売らない店」がリアル店舗の新たなビジネスモデルとして注目
- ネットでは拾えない消費者の声や行動をデータとして獲得することも期待

異形の小売形態「売らない店」

2021年以降、「体験型店舗」の開業が相次いでいます。販売を主たる目的としないショールーム型の店舗であり、別名「**売らない店**」とも称されます。店頭に並べられたさまざまな商品を気軽に見て、触って、利用することができる「お試し」を目的とした店舗として、今までにない店頭体験を提供しています。

ネットでの買い物がここまで普及すると、リアル店舗は単純に店先に商品を並べただけで生き残るのは難しくなります。商業施設を取り巻く環境が大きく変わる中、従来の商品を仕入れて販売する「物販」だけではない店づくりが求められています。

国内でこれに向けて改革を行うのが**丸井グループ**です。物販を中心とした「百貨店型ビジネス」から、販売収入だけを前提とせず、体験価値を提供するビジネス形態への変革にいち早く取り組みました。物販テナントの代わりに増やしているのが、メルカリやアットコスメ、BASEなどのネットビジネスの強者や注目されるD2Cブランド（14 参照）などネット専業の企業です。

これらの各店舗では、商品を販売する場ではなく、ブランドの認知拡大を図ったり、ブランドの世界観や魅力を直接的に体感してもらう場としての役割、さらには、新しい顧客との出会いや既存顧客とのより深いコミュニケーションの場としての役割も期待されています。ブランドや商品に直接触れてもらう機会を設け、ネットでは拾えない消費者の声や行動をデータとして獲得する効果も期待できます。

リアル店舗ならではの体験価値

売り場全体を**ブランド体験**の場と位置付けた先駆的存在は、米アップルの直営店「**アップルストア**」です。美しくスタイリッシュな店内は、訪れるユー

ザーに非日常のワクワク感を提供するとともに、人目を気にせずに商品を自由に触れる楽しさがあります。商品やサービスの利用方法を伝えるだけでなく、その空間におけるすべての体験を通してブランドの世界観やコンセプトを伝えて愛着を持ってもらうという重要な役割を担ってきました。

アップルストアの成功を受け、国内外の通信機器を手掛ける企業やナイキ、アディダス、アンダーアーマーやコンバースといったスポーツブランドも体験型の大型店舗の運営に力を入れています。

体験型店舗で注目される企業が、米スタートアップ **b8ta**（ベータ）です。2020年に日本に上陸し、東京・埼玉で常設店を4店舗展開し、2023年5月に関西では初となる常設店を大阪にオープンしました。有名な企業の商品からスタートアップで生まれたばかりのβ（ベータ）テスト中の製品まで最先端の商品やブランドが並んでいます。ベータのスタッフはクライアント企業から出品された商品やブランドを熟知したうえで、商品を売り込む接客をするのではなく、あくまで説明や使い方のデモを行います。扱うカテゴリーはファッションからライフスタイル、情報・通信機器、生活家電、美容コスメ、食品・飲料まで幅広く、オンラインだけでは実現が難しい顧客体験を提供しています。

モノを買うだけならば、ネットで十分な時代になりました。リアル店舗ならではの体験を提供することが求められます。先行する体験型店舗に売り場づくりのヒントを学ぶことができます。

体験型店舗で注目されるb8taのビジネスモデル

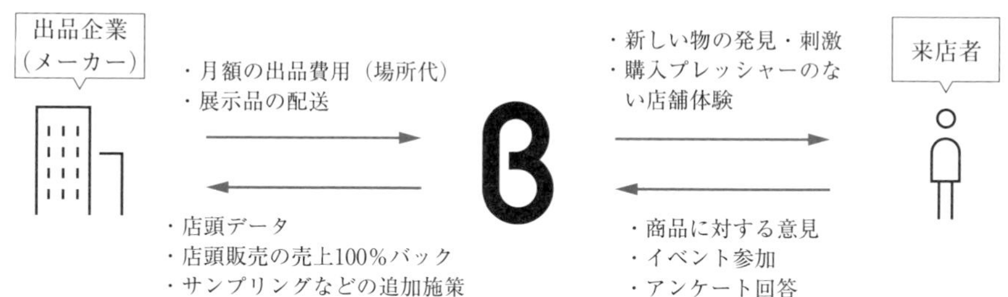

出所：b8ta HP

24 ハイテクアパレル店舗
High Tech Apparel Store

Key Point

- ハイテク技術が詰まったアパレル実店舗がネット専業企業によって続々誕生
- ZOZO が展開する店舗は、AI によるアルゴリズムとプロのスタイリストの知見をかけ合わせたスタイリングサービスで EC ではできない新たな顧客体験を提供

アマゾンが仕掛ける次世代アパレル店舗

アパレル関連業界で AI やデジタルの先端技術を導入したビジネスが加速しています。AI を活用したデザイン制作やデジタル採寸、AR（拡張現実、73 参照）や VR（仮想現実、72 参照）を活用した試着、RFID（28 参照）による自動決済など技術革新が進んできました。さらに、ネット専業のアパレル企業や D2C ブランド（14 参照）がリアルの世界に進出し、サイズ感や品質、ブランド世界観などを体感できる店舗を立ち上げる動きが加速しています。

ハイテク技術が詰まったアパレル実店舗が2022年5月にロサンゼルス郊外で開店しました。広大な売り場面積を有するハイテクアパレル店舗を仕掛けたのが、EC を牽引してきたアマゾンです。

アマゾンはアメリカでの衣料品販売額において、ウォルマートを抑えて首位にあると言われており、満を持してアパレルに特化したリアル店舗「**アマゾン・スタイル**」を開店しました。売り場に陳列されているサンプル品の多くが一着のみで、一つのサイズしか展示していません。すべての服に付いている QR コードをスマホで読み取ることで、カラーやサイズを選べる仕組みになっています。

利用客はスマホ上で試着をするか購入するかを選びます。試着を選択した場合は、指定された試着室（スマート・フィッティング・ルーム）に選んだ衣類のほかに、「おすすめの（利用者が好みそうな）服」も揃えられています。EC で培った高次なアルゴリズムを用いたレコメンデーション機能がリアル店舗にも活用されていることが分かります。

ZOZO と SHEIN に見るアパレル EC によるリアル店舗展開

国内では、**ZOZO** が初のリアル店舗を 2022 年 12 月に表参道にオープンしま

した。「niaulab by ZOZO」(以下、似合うラボ)と称した店舗では、利用者一人ひとりの「似合う」が見つかる、これまでにないパーソナルスタイリングサービスが売りになっています。

似合うラボは、「試着室に飛び込む」というコンセプトで作られた、服を売らないリアル店舗です。その特長について、同社は「2時間以上貸切のリアル店舗でのスペシャルな体験」「ZOZO独自の似合うラボAIによるコーディネートマッチング」「プロのスタイリストによるスタイリング提案」の3点を挙げています。

一人ひとりの「似合う」を見つけるために「ZOZOTOWN」で取り扱う幅広いブランドを用意しています。その中で、ZOZOが独自に開発したAIによるアルゴリズムとプロのスタイリストの知見をかけ合わせたスタイリングサービスにより、ECでは展開できない新たな顧客体験を提供しています。

また、ファストファッション業界で、圧倒的な安さとインフルエンサーやSNSの活用で若年層を一気に取りこんだSHEINも日本でリアル店舗を展開し始めました。大阪・心斎橋での期間限定のポップアップショップに続き、東京・原宿で国内初の常設店舗を2022年11月にオープンさせました。

試着して撮影することを前提に設計された、SNS映えするフィッティングルームやバッグを手に取って撮影できるフォトブースなどZ世代の心に刺さる仕掛けも参考になります。ブランドと消費者とのリアルな顧客接点を設けることで、新興ブランドの世界観を伝え、ブランドを身近に感じてもらう効果が期待されます。

アパレルの新たな買い物体験を提案するアマゾン・スタイル

出所：Amazon.com HP

25 リテールメディア
Retail Media

Key Point

・小売業自らがメディアの役割を担い、消費財関連のＢ to Ｃ企業を広告主として広告収入を得る新しい取り組み
・広告事業の高い収益性を利用し、本業のビジネスの魅力化に繋げる

小売業の新たな収益源で、顧客・広告主・小売業の三方によし

小売業の新たな収益源として期待される「リテールメディア」。これは、小売業が自社の売り場やHP、ECサイトなどを広告メディア化することです。小売業自らが情報を発信するメディアの役割を担い、主に消費財関連のB to C企業が広告主となり、広告収入を得る取り組みです。リテールメディアは、小売業にとっての新たな収益源として大きな期待が寄せられています。

新型コロナウイルスの感染拡大により、否応なく進めたデジタルシフトが小売業にとって幸いし、広告事業を行うための必要要素が急速に整備されたことが背景にあります。小売業がリテールメディアを通して収集するデータが、消費財企業などの広告主にとって価値あるものとして注目され始めました。

リテールメディアは、単純に店内でメーカーの純広告を配信するだけではなく、小売業ならではの顧客と密接に結び付いたデータをもとに広告サービスを展開することが可能なところに強みがあります。たとえば、Webでの購入履歴や購買行動に基づいた広告を配信することが可能です。こうした小売業が持つ詳細な顧客データを利用した精度の高い広告を展開することが可能であり、広告主にとっては魅力的なメディアとして注目されています。まさに、「顧客によし、広告主によし、小売業によし」の三方よしのビジネスと言えます。

先行するアメリカ企業と追う国内企業

リテールメディアで先行するのがアメリカの小売業界です。ウォルマートやターゲットなど大規模小売業は、デジタル広告事業を新たな収益源としてリテールメディアの強化を図っています。

業界トップの米**ウォルマート**は、広告配信プラットフォーム「Walmart DSP（デマンドサイドプラットフォーム）」の運営を始め、広告事業の内製化にいち早く

舵を切り、広告事業を軌道に乗せました。同社はとくにオンライン広告のシステム構築に投資を続け、同広告の充実化を図っています。ウォルマートのオウンドメディアは、アメリカで9番目にアクセス数の多いWebサイトにまで成長しています。

ウォルマートは広告事業で得た収益を本業のビジネスの強化や魅力化に繋げています。利益率の高い広告収入を利用して、本業の価格設定や配送オプションなどを充実させています。

国内では、**セブン-イレブン・ジャパン**が「リテールメディア推進部」を2022年に新設し、リテールメディアの企画・開発に乗り出しました。同社は、国内小売で最大規模と言われる1900万人のアプリ会員を誇る自社のスマホアプリを軸に、店頭で扱う商品に限定した広告配信を行っています。今後はさらに、店舗のメディア化を推し進めていく見込みです。

店舗のメディア化においては、**ファミリーマート**が全国3000店（2022年12月時点）でデジタルサイネージ「FamilyMartVision」を展開しています。店内レジ上に視認性の高い大画面の3スクリーンを設置し、広告だけでなく、音楽やクイズなどバラエティ豊かなコンテンツを音声付きで配信しています。ファミリーマートアプリやPOSの購買データと連携した広告効果の測定を可能にしています。

ローソンでもローソンアプリへの広告配信事業を2022年に開始しています。会員データとAIを活用したレシート広告を展開しています。

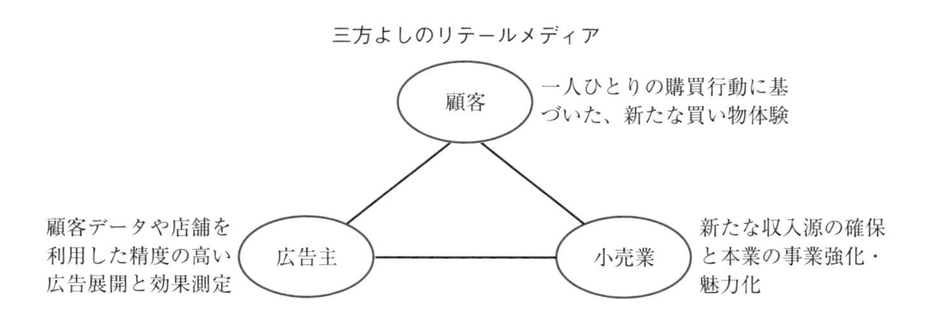

26 無人決済店舗
Unmanned Payment Store

Key Point

- 無人決済店舗は顧客体験の魅力化・高度化を実現することに加え、人手不足対応や人件費削減の効果が期待
- これまで可視化されてこなかった店舗内での買い物状況が可視化

米中が開拓した無人決済店舗

アマゾンに代表されるECに小売の主役を奪われつつあるリアル店舗ですが、店舗のDX（64 参照）はなかなか進みませんでした。そこに一石を投じたのが、あろうことかアマゾンでした。AIカメラを活用したレジなしウォークスルー決済を導入した**アマゾン・ゴー**は、リアル店舗のDXの可能性を世界に示しました。

アマゾン・ゴーによって、リアル店舗は商品を販売する場だけでなく、顧客の「店内の行動データ」を収集する場という新しい価値と可能性が拓かれました。これまで可視化されてこなかった店舗内での買い物状況がデータになれば、新しい世界が見えてきます。さらには、レジに並ぶ必要もなければ、自分で商品をスキャンする必要もありません。「Just Walk Out」のコンセプトで、商品棚から欲しい商品を手に取って退出するだけ、という新しい買い物体験は衝撃を与えました。

スマホ決済で先を行く中国では、2018年に無人店舗が各地で展開されました。プレハブ型の狭小店舗が街中に、オフィスビルの入り口に、各地の空港にとさまざまな場所で開店し、注目を集めました。多くのスタートアップが無人決済ビジネスに参入しました。その多くがRFID（28 参照）を活用したものでしたが、一大ビジネスとして定着せずにその多くが1、2年で姿を消しました。運営コストの大幅な削減には成功したものの、顧客体験がおざなりになったことが主たる要因と考えられます。入店時にはスマホでロックを解除しなければならなかったり、一度に店内に入れる人数に制限があったり、会計時に個々の商品を識別させる手間などがありました。

顧客体験の魅力化・高度化を実現

レジに並んで会計をしなくても、会計レーンを通過するだけで自動的に精算するシステムが「ウォークスルー決済」です。購入したい商品を自由に手に取って、ゲートを出ると自動で決済が完了します。RFIDを貼付した商品を会計レーンが読み取ることで、こうした新しい買い物体験を可能にします。トライアルカンパニーでは、国内企業ではいち早く、ウォークスルー決済の実証実験を始めました。現在では、**スマートショッピングカート**により、レジ待ちのない買い物体験を提供しています。

TOUCH TO GOは国内の有力小売業やサービス業へ無人決済システムを導入しています。同社のシステムを導入した店舗では、天井に設置されたAIカメラなどから、顧客が手に取った商品をリアルタイムに認識します。出口の決済端末ディスプレイに購入商品と合計金額が自動で表示され、スピーディーな決済を可能にしています。顧客の利便性に加え、人手不足対応や人件費削減の効果も期待できます。ファミリーマートではこれまで出店できなかった**マイクロマーケット**（小規模な商圏）への出店の可能性も広がるとしています。ファミリーマートは図のように3つの要素技術（カメラによる人の追跡、商品認識、対面無人決済）を組み合わせて、システムを構築しています。出店の場所を選ばず、顧客体験の魅力化・高度化を実現する無人決済店舗は、この先も増え続けていくでしょう。

ファミリーマートが進める無人決済店舗のシステム

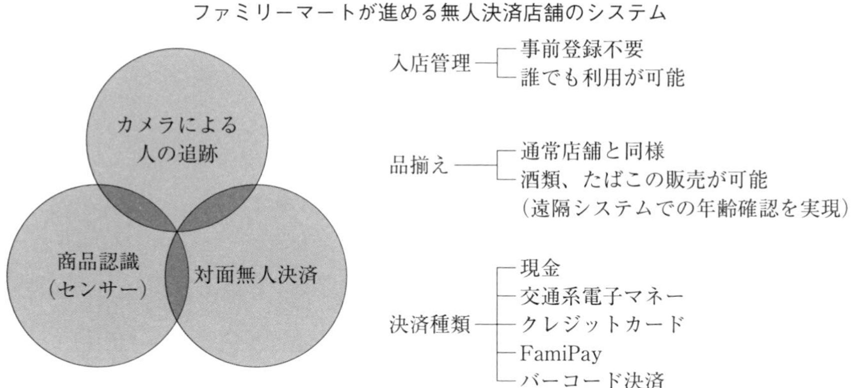

出所：ファミリーマートHPを一部修正

27 AIカメラ
AI Camera

Key Point

・AIを搭載したカメラがこれまで把握できなかった来店客の行動をリアルタイムに可視化するなど小売のDX化を加速
・小売の各業態に加え、工場や物流倉庫などでもAIカメラの導入が進む

小売業に革新をもたらすAIカメラ

AIを活用したサービスは、あらゆる分野で高い成長性が見込まれています。その一つに、カメラにAIを搭載したAIカメラがあり、その用途は多岐にわたります。AIカメラとは、撮影した映像や画像をAIを用いて自動で処理するカメラです。画像そのものに処理を加える技術だけでなく、カメラの映像からデータ分析を行う技術もAIカメラの機能の一種であり、時間帯による人の流れの変化や顧客の年齢層判断などに利用されています（NTT東日本HP）。

こうしたAIカメラを小売業が活用することで、これまで把握できなかった来店客の行動をリアルタイムに把握することが可能になりました。たとえば、天井に設置された数百のAIカメラが来店した顧客を特定し、店内での行動をくまなく観察・追跡します。顧客が棚から手にした商品を瞬時に画像認識技術で識別して、その情報をアプリ内のIDと紐付けます。カメラと棚に設置した複数のセンサーを組み合わせて顧客の行動と動線を追跡する**センサー・フュージョン**によって、その精度を高めます。AIカメラを活用することで顧客情報、商品情報の詳細な管理や店舗のオペレーション費用の削減などにおいても革新的な効果が期待されます。

イオンリテールは快適でスマートな買い物環境を実現するためにAIカメラの導入を進めています。AIカメラを通して店内映像を分析し、接客や売り場の改善サポートが目的であり、具体的に次の取り組みに力を入れています。

・接客を必要とする来店客をAIカメラが感知、従業員に通知しスムーズな接客へ
・AIによる年齢推定・自動アラートでレジ従業員の負担を軽減
・売り場での行動を分析・集積し、注目度・利用頻度を“見える化”

顧客の店内動線や売り場への立ち寄り時間、手を伸ばした商品棚などの情報を自動で集積し**ヒートマップ**（顧客行動をサーモグラフィーのように色付けして表示）で可視化する試みも行っています。これにより、店内レイアウトや商品の品揃え改善、通路変更を行った場合のシミュレーション分析も可能になるなど、買い物のしやすい売り場づくりに繋げています。

多方面で実用化が加速するAIカメラ

AIカメラの技術や精度が向上したことに加え、低価格化が進んだことでさまざまな利用場面での実用化が加速しています。これまで多くの小売業が仕入れや販売に関する意思決定をPOSデータや経験値に頼ってきましたが、AIカメラの導入によってPOSでは分からない顧客情報の把握が可能になります。店舗における顧客行動のすべてがデータで可視化されることで、客観的・科学的な売り場づくりが可能になります。

また、工場や物流倉庫などの現場においてもAIカメラの導入が活発化しています。危険箇所を常時モニタリングしたり、作業員が目視で行っていた点検等の作業を自動化したり、倉庫の空き棚をリアルタイムで把握して荷物の運搬を効率化させます。これまで人的ミスや危険を伴う作業を自動化することで、作業の負荷を大幅に軽減させるなど効率性や安全性の向上に繋げています。

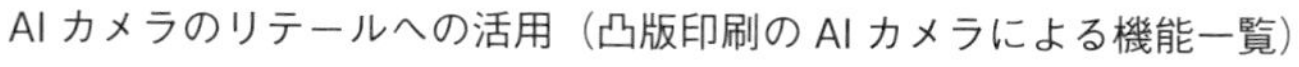
AIカメラのリテールへの活用（凸版印刷のAIカメラによる機能一覧）

出所：凸版印刷HP

28 RFID
Radio Frequency Identification

Key Point

- 無線通信を用いて物品を識別・管理するRFIDは、商品・在庫管理の最適化やレジ業務の高速化などあらゆる作業の効率化を実現
- 製造から販売までのサプライチェーンの見える化という点でも大きな力を発揮

ビジネスに革新を与えるRFID

レジカウンターのくぼみに商品が入ったカゴを置くだけで、商品の合計金額が瞬時に分かる会計システムがアパレル企業で導入されています。カゴの中の商品点数がどんなに多くても、値札が内側に隠れていても、瞬時に正しく合計金額と点数が読み取られます。

これを実現しているのがRFIDと呼ばれる無線ICタグです。カウンターに配置したRFIDリーダーが値札に内蔵されているICタグの情報を読み取って、レジ端末に品番など商品情報と価格を転送します。

ファーストリテイリングでは、2018年からユニクロやジーユーでこのRFIDを導入し、レジや検品の自動化と高速化を実現しています。ほぼすべての商品にICタグ内蔵の値札を取り付けています。これまでのように会計時に店員が1着ずつ値札をバーコードリーダーでスキャンするというやり方に対して、RFIDを用いることで作業時間を飛躍的に削減することが可能です。**ビームス**では、レジにおける業務時間を65％短縮（10点の商品を会計する場合）することができたと言います。

RFIDは無線であることにより、すでに広く普及しているバーコード等と比べて以下のようにいくつものメリットがあります。

- 非接触通信が可能で、距離が離れていても読み取ることが可能
- 一つの読み取り機で複数の個体情報を読み取ることが可能
- データ容量が大きく、多くの個体情報を記録することが可能
- 個体情報の書き換えや追記が可能
- 外側から目視できなくても交信が可能で、段ボールなど遮蔽物の中でも、開封することなく読み取ることが可能

DX推進を支えるRFID

RFIDはレジ業務の高速化だけでなく、商品・在庫管理の最適化、棚卸や物流作業などあらゆる作業の効率化を実現しています。製造から販売までのサプライチェーンの見える化という点でも大きな力を発揮します。このように、RFIDは店舗や現場のDX推進を支えているのです。

RFIDは、これまでアパレルや物流、図書館など特定の業界で利用されるにとどまってきました。その理由は価格と作業効率にありました。値段は2000年代の1枚100円ほどから現在は10円程度に下がりましたが、RFIDタグを1点ずつ取り付ける作業に人手を要します。商品単価が低い業界が全面的にRFIDを導入するのに躊躇する点がここにあります。

最近では、食品を扱う小売業や医療分野でもRFIDの実証実験が進んでいます。小売業では、コンビニエンスストア各社が具体的なオペレーションを模索しています。遠隔でも棚の状況が分かり、消費期限の確認をすることもでき、ダイナミックプライシング（15 参照）を組み合わせて廃棄ロス削減なども期待されます。医療分野では、医薬品の使用前・使用後の管理、適切な処方などヒューマンエラーが許されない業務での活用も期待されています。

タイヤ大手の仏**ミシュラン**は今後、世界で販売するすべてのタイヤにRFIDタグを搭載する計画を発表しました。タイヤの情報を自動的に識別・管理し、生産から車体装着、リサイクルまでタイヤを個体管理することを目指すと言います。この先、導入コストやタグのコストもさらに下がる見通しで、普及に拍車がかかりそうです。

バーコードと比較したRFIDのメリット

種類	データの書き換え	同時・複数の読み込み	データ容量	読み取り距離	遮蔽物の影響	汚れの影響	コスト
バーコード	不可	不可	小 （20文字程度）	近い （〜数10 cm）	あり	あり	安い
RFID	可能	可能	大 （約1,000字）	遠くでも可 （〜数m）	なし	なし	高い

資料：NEC HP

29 スーパーアプリ
Super App

Key Point

- スーパーアプリの先進国である中国では、日常の買い物や食事から公的な支払いまであらゆるサービスや取引が一つのスーパーアプリでワンストップで利用可能
- 他社が事業展開するサービス「ミニプログラム」を通してサービスを拡大

中国発デジタル経済を動かすスーパーアプリ

スーパーアプリは、SNSや決済サービスを展開する基盤アプリ上で、他の事業者にもサービス展開の門戸を開放することで多様なサービスをワンストップで提供するプラットフォームです。日常生活のあらゆる場面で役立つさまざまなサービスが統合・集約されたアプリの総称です。必要に応じて複数のアプリを立ち上げる必要がなく、一つのアプリであらゆるサービス機能が完結できることで、スムーズで快適な顧客体験を提供できるのが特徴です。

スーパーアプリは、欧米市場ではなく、中国や東南アジアで発展・普及してきました。先駆けとなったのは、中国の**テンセント**が提供するスーパーアプリであり、メッセンジャーアプリの「ウィーチャット（微信）」上で展開されています。同社は、2013年にSNSとしての基本機能にスマホ決済機能の「ウィーチャットペイ（微信支付）」を取り込みました。ウィーチャットペイは単なる決済手段の枠を超えて、中国人の日常生活を支えています。2017年にテンセントは**ミニプログラム**（微信小程序）と呼ばれる他社が事業展開するサービスを取り入れました。テンセントは、自社のプラットフォームをサードパーティー（第三者の企業や組織、事業主）に広く開放する方針を他社に先駆けて行ったのです。

多様なサービスが連なるスーパーアプリ

多くの事業者にウィーチャットのプラットフォーム、顧客基盤を利用してもらうことで、事業者にビジネス機会を提供しました。事業者がこのミニプログラムを利用した場合、消費者は新たなアプリのインストールやクレジットカード登録が不要となります。この手軽さが消費者に歓迎され、ウィーチャット内のミニプログラムを介したスマホによる消費スタイルが一般化しました。

月間アクティブユーザーは11億人を超えると言われるアプリでの決済は、日常

の買い物や飲食店での支払いから交通機関や公共料金、各種サービスの利用や支払いができる利便性から、瞬く間に巨大なプラットフォームに成長しました。

病院の予約や旅行・宿泊などの各種予約も一つのスーパーアプリを通してワンストップで利用できます。

たとえば旅行を計画する際は、旅行先の選定からホテルや航空機、鉄道の予約まで、スーパーアプリ一つで完結します。専用アプリをダウンロードする必要はありません。ウィーチャットのミニプログラム内で手続きすることで、氏名や連絡先、決済の詳細を入力する手間なく目当てのサービスを受けられます。

今ではそのミニプログラムに200万を超えるサードパーティー（サービス）が登録されているそうです。自社のアプリをダウンロードさせて、利用者を確保・維持することは容易でありません。利用者へは、操作上の手間を削減することに加え、個人情報のセキュリティの観点からスーパーアプリを使うことによる安心感、信頼感を与えることができます。

中国市場での大きな成功を受け、東南アジアにおけるスーパーアプリの開発競争が激化しています。シンガポールの**Grab**とインドネシアの**GoTo**の二大サービスに対し、シンガポールの**Sea**など新興サービスが猛追する動きが見られます。日本のPayPayも決済サービスからスーパーアプリへの拡張を図っており、その動向が注目されます。

PayPayが目指すスーパーアプリ

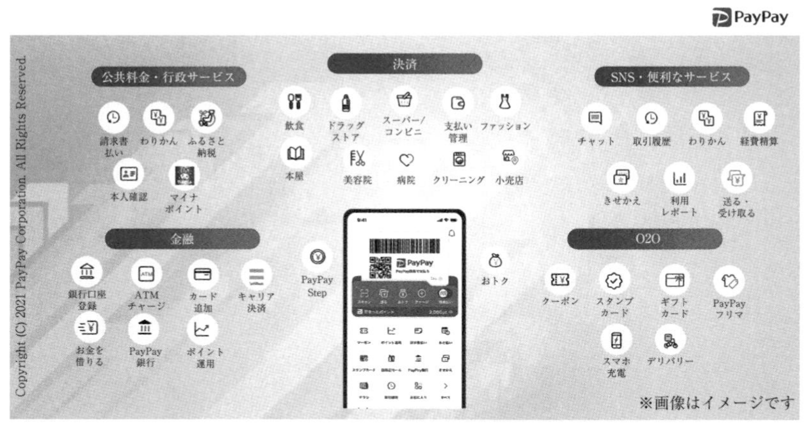

出所：PayPay（2023年 8月9日時点）

ライブコマース
Live Commerce

Key Point

- ・ECと動画のライブ配信を組み合わせた新しい販売形態で中国が市場を牽引
- ・配信者（ライバー）と視聴者がリアルタイムでコミュニケーションでき、視聴者の疑問や不安を解消し、納得して購入できる点も魅力

コンテンツリッチな新しい販売形態

ECの新しい販売形態の一つに「ライブコマース」があります。ライブコマースは、ECと動画のライブ配信を組み合わせた新しい販売形態です。オンラインを通じた動画のライブ配信において、「ライバー」と呼ばれる配信者が商品のPRと販売を行います。ライブ配信は、専用のプラットフォームやSNSのライブ配信機能を用いて行われ、そこで扱う商品は化粧品、ファッション、食料品、日用品・雑貨から宝飾品や自動車などの高額商品まで多種多様です。

テキストと写真が中心の従来のECに比べ、ライブコマースは動画で発信するため、「情報量の豊富さ」が魅力です。ライバーの表情や声色、そして身振り手振りにより、視聴者が感情移入しやすいのが強みです。いかに視聴者の心を摑むか、ライバーの魅力と力量が問われる販売形態です。

一見したところ、テレビショッピングと類似した販売形態ですが、配信者と視聴者がリアルタイムにコミュニケーションできる双方向性も魅力です。視聴者はライブ配信中に質問やコメントを書き込むことができます。熟練したライバーは、商品を紹介しながら、ひっきりなしに寄せられる質問とコメントにリアルタイムで答えていきます。サイズ感や生地の質感、触り心地など、視聴者の疑問や不安をその場で解消し、納得して購入してもらえる点も強みです。

コロナ禍で加熱した中国のライブコマース市場

中国では、2016年からライブコマースが本格的にスタートしました。コロナ禍の数年で市場は急成長し、今やEC利用者の4割に当たる約4億人がライブコマースを利用しています。20代から30代の若い世代を中心としながら、幅広い世代から支持を集めています。中国のライバーの中には、数百万人から数千万人のフォロワーを持つ**KOL**（キーオピニオンリーダー）と呼ばれる人たちがいます。中国語で**網紅（ワンホン）**と呼ばれるKOLは、中国消費に大きな影響を与えています。

トップクラスのKOLは、毎回の視聴者数が1000万人を超え、月の売上が一人で100億円を超えると言われます。そのような一握りのKOLには、世界各国の企業・ブランドから自分たちの商品を販売して欲しいという依頼が殺到しています。実際にトップクラスのライブコマースを視聴すると、次から次へと商品を紹介していき、視聴者を飽きさせないプレゼン力に圧倒されます。エンタメ要素も強く、視聴者はライブ配信のコンテンツ自体を楽しんでいます。

中国のライブコマースで扱う商材は実に多彩です。表は筆者が2020年に中国人を対象に行ったアンケート調査（ライブコマースで購入する商品）の結果です。ライブコマースで最も購入しているのは衣料品という結果になりました。ライバーが実際に着用して着心地やサイズ感を説明してくれるので、意思決定しやすいという利点があります。高額な商品では、自動車やマンションも扱われ、かつては宇宙旅行まで売れて話題になりました。

ライブコマースを支えているのがアリババをはじめとするIT大手の存在です。「淘宝網（タオバオ）」や「天猫（Tmall）」「京東商城（JD.com）」、さらには「抖音（TikTok）」「快手（KUAISHOU）」などすでに巨大な顧客基盤を持つプラットフォームにおいて、ライブコマース機能が設けられています。

日本におけるライブコマースは中国や諸外国と比べると、まだ発展途上段階です。新型コロナの影響で人の行き来が制限され、インバウンド需要が落ち込んだ中、ライブコマースに乗り出す日本企業が増えました。従業員をライバーとする企業や、日本在住の中国人KOLをライバーとしたライブコマースに活路を見いだしており、これからの発展に期待が寄せられています。

ライブコマースで購入する商品の調査結果（独自調査、n=2,659）

順位	商品	順位	商品
1位	衣料品	6位	農村の食料品
2位	食料品	7位	その他
3位	衣料小物	8位	健康食品・ヘルスケア用品
4位	化粧品・美容品	9位	家電製品
5位	コンピュータ関連機器	10位	美容家電

出所：宮下（2020）

31 ソーシャルコマース
Social Commerce

Key Point

- ・ソーシャルメディア上で閲覧から検索、そして購買までをワンストップで行える時代を迎え、SNS がそのまま「売り場」になる
- ・インフルエンサーの投稿をきっかけに商品・サービスを購入するスタイルが定着

SNS は「売り場」へと進化

「ソーシャルコマース」とは、ソーシャルメディアと EC を組み合わせて、商品の販売促進を行う手法です。若い世代を中心に、Instagram のショッピング機能（Shop Now）を利用して気に入った商品を購入する消費行動が普及しました。従来の SNS は、情報交換や閲覧が主たる機能でした。それが、閲覧から検索、そして購買までをワンストップで行える時代を迎えました。まさに、SNS がそのまま「売り場」になるわけですから、マーケティングにとっては大きな転機です。

従来の EC では、利用者が欲しい商品をグーグル等で検索して目当ての商品情報に接触するのが一般的でした。ソーシャルメディアの台頭を背景に、SNS で偶発的に出会った商品を EC サイトを経由することなく、そのまま購入する消費行動は今後ますます増えていくでしょう。

Instagram を筆頭に TikTok、あるいは YouTube やブログ等で人気を集めるインフルエンサーたちが身に着けている洋服やグッズ、使用している商品はフォロワーにとっては憧れの的になります。**MAU（月間アクティブユーザー数）**が世界で 20 億人、国内で 3000 万人を優に超すと言われる Instagram は、好きな情報を見つけるメディアとして SNS の主役の座に躍り出ました。自分がフォローしているインフルエンサーや著名人の投稿をきっかけに商品・サービス、店舗に興味を持ち、実際に購入・利用するスタイルが現代の象徴的な消費行動として浸透しました。

ソーシャルコマース先進国に学ぶ

SNS のアプリ内で気になる商品やお気に入りのサービス、店舗を見つけ、決済・購買・利用までの一連のプロセスをいかにストレスなくシームレスに行う

かがソーシャルコマースの将来を決定付けます。現状では、商品を選択し、買い物カゴに入れて、最終的に決済するまでのプロセスがシームレスでないと感じているユーザーが多く存在しています。

ソーシャルコマース先進国は中国であり、日本や欧米に比べてはるかに活況を呈しています。SNSやライブ配信と決済を結ぶシームレスなショッピング体験を提供しています。TikTok（中国では抖音）でのライブ配信の視聴者は、紹介される商品をアプリ上でタップし、その場で購入することができます。ライブ配信を楽しみながら、その場でシームレスに商品を購入することが可能になっています。

TikTokを運営する**北京字節跳動科技（バイトダンス）**と提携し、ソーシャルコマースに力を入れる企業が増えています。ロレアル、ルイ・ヴィトン、プラダ、ドルチェ＆ガッバーナなどそうそうたる顔ぶれが並びます。人気インフルエンサーと組み、若者に向けたソーシャルコマース事業を本格化しています。

TikTok以外のプラットフォームでも動画やライブ配信でのショッピング機能を追加しています。「中国版インスタ」とも呼ばれる人気アプリ「**小紅書（RED）**」でもEC機能を備えます。

プラットフォーム企業間の競争がきわめて激しい中国のデジタル経済では、顧客が重視する評価軸の一つであるソーシャルコマースの利便性と魅力が競争力を大きく左右しています。14億人のマーケットで鍛えられた中国企業のソーシャルコマースから、シームレスな取引を実現するシステムや操作性と視認性に優れた**UI（ユーザーインターフェース）**（36 参照）など日本企業が学べる内容が多くあります。

ソーシャルコマースの購入プロセス

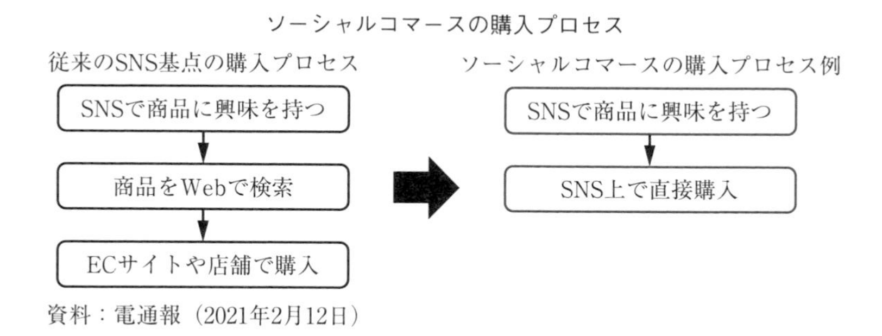

資料：電通報（2021年2月12日）

物流 DX
Digital Transformation for Distribution

Key Point

・物流・運送業界では「2024 年問題」への対応が急務
・物流 DX として、「既存のオペレーション改善・働き方改革を実現」「物流システムの規格化などを通じ物流産業のビジネスモデルそのものを革新」が要請

物流クライシス—2024 年問題—

EC 市場の急成長に拍車をかける形で、新型コロナウイルスによる巣ごもり消費はEC需要を大きく伸長させました。パンデミックが襲った2020年度の宅配便取扱個数を見ると、前年度比 11.9 %増となり、過去 20 年で最大の増加率となりました（国土交通省）。2021 年以降も旺盛な EC 需要は衰えることなく力強い成長を続けています。

気軽にネットショッピングを楽しむ生活様式が確立されましたが、こうしたデジタル経済の成長を支える裏方には、その物流を支えている多くの人の存在があります。IT 化や自動化に向けた取り組みが進んでいるとは言え、物流倉庫では入荷検品からピッキング、荷造りなど人が行う作業が数多くあり、アナログな慣習が今も多く存在しています。

堅調な市場が続く物流・運送業界ですが、物流の要であるトラックドライバーの人手不足は深刻化しています。旺盛な EC 需要に伴う個配の急激な増加により、需要（荷物量）は増加傾向にあるのに、供給（ドライバー）はパンク状態になっているのです。

現状のままでは 2030 年に全国の約 35 %の荷物が運べなくなるおそれがある、という衝撃的な予測（野村総合研究所）もあるほど、物流・運送業界は厳しい先行きが予測されています。長時間労働や低賃金といった厳しい労働環境により、ドライバーの確保が年々難しくなっています。多頻度小口貨物の増加に加え、時間指定やリードタイムの短い貨物が多いことで、トラックの積載効率は大きく低下しました。約 16 %ほどの再配達も労働時間の長時間化に拍車をかけています。

2024 年 4 月から、働き方改革関連法の施行に伴い、自動車運転者の時間外労働の上限規制（年間960時間）が適用されます。この新たな規制により、これまで青天井だったドライバーの時間外労働の見直しが期待される一方で、人手不足をはじめとして業界に大きな打撃を与えることが予想されています。これは、**2024年問題**と称され、具体的に以下の点が懸念されています。

① 一人が運ぶことができる荷物の量の削減

② トラック運送事業者の売上・利益の減少

③ ドライバーの収入の減少

④ 収入の減少による担い手不足

物流DXによる簡素で滑らかな物流の実現

このように、物流・運送業界は深刻な課題に直面しており、これへの対応が喫緊の課題になっています。2024年問題は、日本のサプライチェーン全体の未来を大きく左右する問題です。こうした状況下においてDXを通じて、これまでの物流のあり方を変革する「物流DX」が強く要請されています。

国土交通省は、物流DXの目指すべき点として、「既存のオペレーション改善・働き方改革を実現」「物流システムの規格化などを通じ物流産業のビジネスモデルそのものを革新」の2点を挙げています。これを実現するために、サプライチェーン全体での機械化・デジタル化により、情報・コスト等を「見える化」、作業プロセスを単純化・定常化することによって実現するビジョンを描いています。その具体的な取り組みとして、国土交通省は「物流における標準化」「物流分野の機械化」「物流のデジタル化」の3点を挙げています（表）。

物流DX推進の視点

物流における標準化 ・ソフトの標準化 ・業務プロセスの標準化 ・ハードの標準化 物流分野の機械化 ・幹線輸送の自動化・機械化 ・ラストワンマイル配送の効率化 ・庫内作業の自動化・機械化	物流のデジタル化 ・手続きの電子化 ・点呼や配車管理のデジタル化 ・荷物とトラック・倉庫のマッチングシステム ・トラック予約システム導入 ・SIP物流や港湾関連データ連携基盤の構築 ・AIを活用したオペレーションの効率化

出所：国土交通省HP（2021年1月22日）を一部修正

33 ラストワンマイル
Last One Mile

Key Point

- 物流倉庫や店舗から顧客の手に渡る最後の区間「ラストワンマイル配送」を巡る競争が激化
- ラストワンマイルに自動運転車やドローンを宅配に使う実証実験が各国で展開

ラストワンマイルを制する者が市場を制する

新型コロナの影響もあり、消費者の生活にECが定着しました。日常生活の購買行動がリアルからオンラインへ移行したことにより、迅速な配送サービスを求める消費者が増加しました。

食品や日用品の宅配サービスが急速に広がる中、利用客に商品を届ける最後の区間「ラストワンマイル」が進化しています。ラストワンマイルとは、EC企業を含んだ小売業の物流倉庫や店舗から、顧客である各家庭に商品を受け渡すまでの区間です。商品が顧客の手に渡る最後の区間において、EC各社がそのスピードと利便性の向上に取り組んでいます。アメリカや中国では「ラストワンマイルを制する者が市場を制する」という考えのもと、ラストワンマイル配送を巡る競争が激化しています。

米アマゾンは、独自のラストワンマイル戦略の構築に向けて多大な投資を行ってきました。国内外の流通企業やスタートアップとの提携を強め、独自の配送サービスに磨きをかけてきました。

ウォルマートのラストワンマイル戦略

ウォルマートは、ネットスーパー事業を拡大させることに加え、配送まで自ら手掛け、費用対効果が見込めるラストワンマイル戦略を模索し続けています。オンラインで注文を受けた商品を店頭や駐車場で受け渡すサービスや自宅に配達するサービス、さらには生鮮食品を自宅の冷蔵庫にまで届けるサービスなど多様なスタイルを確立しています。

オンラインで注文した商品を店頭や駐車場で受け取る**ボピス**（BOPIS：Buy Online Pickup In Store）と呼ばれるサービスは、自動車社会のアメリカでは利便性の高いサービスとして広く支持されています。自宅への配達は便利な一方で、鮮度が大切な食料品の際には配達時に自宅にいる必要があるため、ロッカーへの配達や玄関先への「置き配」は不向きでした。その点において、ボピスでは、利用者は、①好きな時間に商品を受け取ることができ、②当日に商品を受け取ることができ、③（オンラインでの購入のため）商品の探索時間を大幅に短縮することができ、④商品の状態を確認することができ、さらに⑤商品に不備があればその場で返品や交換をすることも可能です。

オンラインと実店舗での買い物のそれぞれのメリットを享受できるサービスとして、ウォルマート以外にもディスカウントストアの**ターゲット**や食品スーパーの**クローガー**、そしてドラッグストアの**ウォルグリーン**などアメリカを代表する大手流通業も積極的にボピスを展開しています。

自宅に配達するサービスにおいて、ウォルマート独自の取り組みとして注目されるサービスが、「**インホーム・デリバリー**」サービスです。これは、オンラインで注文した生鮮食品を顧客の自宅“冷蔵庫”にまで届けるサービスです。顧客が自宅にいなくても冷蔵が必要な生鮮食品を配達できるというこれまでの配達の限界や常識を超えたサービスです。特別な訓練を受けた配達員は**スマートキー**（スマホで鍵を解錠）を使って室内に入って冷蔵庫に購入した食料品を入れます。配達員に装着されたボディカメラで配達の一部始終が録画され、セキュリティにも万全を期しています。

さらに、アメリカではラストワンマイルに自動運転車やドローンを宅配に使う実証実験をウォルマートやアマゾンを筆頭に各社が進めており、実用化に一歩ずつ近付いています。

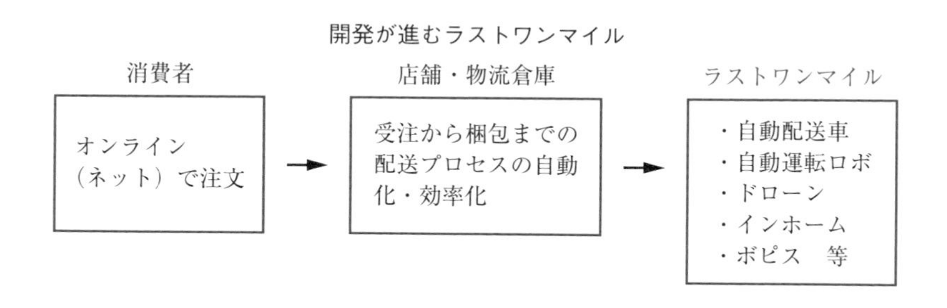

34 Qコマース

Quick Commerce

Key Point

- 即時配達を実現するQコマースが、時間効率を追い求める現代の消費者から支持
- オンラインでの注文から自宅への最速10分の配送を実現する鍵は「ダークストア」と呼ばれる配達専門の店舗を介した配達にあり

ダークストアが最速10分のロケット配送を支える

ラストワンマイルの競争では、迅速な配送サービスが鍵を握ります。近年、「Qコマース」という言葉が広まりました。これは即時配達を実現するクイックコマースを意味し、通常はアプリ等で食品や日用品を注文してから30分ほどで自宅まで届くサービスを指します。

従来のネットスーパーの場合、どんなに早い即日配送でも注文から商品の到着までは、3時間程度を要していました。それがQコマースの配達時間は最速10分です。この衝撃的なビジネスモデルはコロナ禍を経て急成長しています。

Qコマースは、一般的には**ダークストア**と呼ばれる配達専門の店舗を介して食料品や日用品を即時配達するサービスを指します。Qコマースを牽引するのが韓国で、その中心にいるのが2011年に誕生した**クーパン**（Coupang）です。クーパンは自前の物流網を築き、**ロケット配送**と名付けた高速配達を実現しました。アプリでオーダーを受けてから、顧客の自宅に配送するまでの時間は最速10分を実現しています。創業からわずか10年余りで韓国を代表するEC企業に急成長し、2021年3月にはニューヨーク証券取引所に上場しています。

「韓国のアマゾン」の異名を持つクーパンが展開するダークストアはコンビニエンスストアほどの面積の建物内に食料品と日用品が保管されています。注文が入るとスタッフが棚から素早く商品をピックアップして紙袋に商品を詰めていきます。それを待機する配達員が、最短の配送ルートの指示を受けて自転車やオートバイで配送します。待つこと10分で注文した商品が手元に届くのですから、近所のスーパーマーケットに買い物に行くよりも、欲しい商品が早く手元に届くという新しい顧客体験を生み出しています。同社は2021年に日本の一部エリアで事業展開をしましたが、2023年3月に撤退しています。

タイパ時代に刺さるQコマース

タイパ（タイムパフォーマンス）という言葉の台頭に見るように、時間効率を追い求める消費者が急増しています。Qコマースはタイパ時代の消費者に支持されて当然のビジネスモデルであり、この先も成長が見込まれます。

日本でもスタートアップの**オニゴー**（OniGO）がクーパンと同様のダークストアを用いたQコマースを展開しています。オニゴーは2021年に創業し、2023年7月現在で東京都、神奈川県、千葉県、埼玉県の広いエリアで事業を展開しています。注文時間は8時から23時まで（エリアによる違いあり）とネットスーパーと比べて長く、多様化する消費者の需要に応えています。オニゴーで扱っている商品は生鮮食品から日用品まで1000品目以上あり、10分程度で商品を届けています。10分の内訳は、ダークストアで注文を受けて梱包するのに3分、そして配達に7分です。この即時配達を実現するために、電動アシスト自転車で7分以内に到着する範囲（半径1.5㎞以内）に商圏を絞り込んでいます。

ローソンは2022年にオニゴーと提携しました。ローソンストア100がオニゴーの倉庫の役割を担い、同店の商品を届けるサービスを開始しました。ローソンストア100にとっては販路の拡大が期待でき、オニゴーにとっては倉庫の確保と品揃えが拡大でき、配送に専念できるというメリットがあります。

オニゴーやクーパンのようなダークストアを介して即配を実現する企業は、現在の日本ではエリアと取扱商品が限られていますが、今後さらに拡大していくことが予想されます。

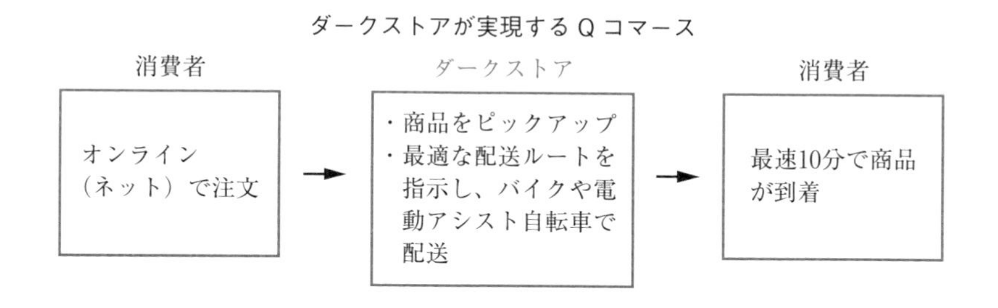

35 モバイルオーダー＆ピックアップ
Mobile Order & Pickup

Key Point

- 指定した受取時間に来店し、店員に番号を伝えるだけで商品の受け取りが可能
- 事前注文・持ち帰り型のモバイルオーダーに加え、テーブルに貼付されているQRコードで店舗内でのモバイルオーダーに対応した店舗も増加

店舗でのオーダーも並ぶ手間も不要

コロナ禍で需要が高まった「持ち帰りサービス」に対応し、「モバイルオーダー＆ピックアップ」のサービスが広く支持されました。利用者は店舗においてオーダーも並ぶ必要もありません。支払いはすでにスマホ上で済ませているので、指定した受取時間に来店し、店員に番号を伝えるだけで商品を受け取ることができます。

飲食店において、注文した料理がなかなか来なかったり、セルフサービスの店で長い行列に並ばされる際は、ストレスを感じることもあるかもしれません。そのような来店客のストレスやイライラを解消するとともに、コロナ禍での「なるべく密を避けたい」という消費者の新たなニーズに応える形でこの新しいサービスは急速に普及しました。

飲食業のDXを支えるモバイルオーダー

中国ではスターバックスをしのぐ人気を誇るのが、モバイルオーダー＆ピックアップを取り入れた**ラッキンコーヒー**（瑞幸珈琲）です。2017年の創業からわずか1、2年で王者スターバックスを脅かす勢いで急成長を遂げました。店舗数は2023年6月に1万店を超えたと報じられ、中国最大のコーヒーチェーンになっています。怒濤の出店攻勢により、創業以来赤字が続いていましたが、2022年に初めて黒字化を達成しています。

ラッキンコーヒーにはレジはなく、店員に直接注文することはできません。支払いのやり取りもありません。ラッキンコーヒー専門のアプリから、モバイルオーダーにのみ対応しています。持ち帰りに特化した店舗は、オフィスビルや商業施設1階の小さなスペースでさほど目立たない場所に立地しています（写真）。そこに次々とお客が訪れ、QRコード読み取り機にスマホをかざして商

品をスムーズに受け取ります。

タイパを重視する現代の消費者に、モバイルオーダーはとてもマッチしたサービスであり、今後さらなる普及が見込まれます。

事前注文・持ち帰り型のモバイルオーダーに加え、店舗内でのモバイルオーダーに対応した店舗も増えてきました。テーブルに貼付されているQRコードを利用者自身のスマホで読み取り、オーダーをして決済まで行います。店員はテーブルに注文を取りに行く手間も決済の手間も省くことができ、調理や持ち帰り対応など優先したい作業に時間を充てることが可能となります。高額なタブレットを用意する必要なく、顧客のスマホで注文と支払いが完結するので、中国では個人経営の飲食店でも広くこの方式が採用されています。

デジタル化の遅れが指摘されてきた飲食業ですが、モバイルオーダーの導入によって、人件費の削減や作業効率の向上など店舗運営の効率化を図ることが期待できます。さらには、顧客データの入手という点で大きな効果を発揮します。一人ひとりの利用実績データから、個々の顧客のニーズや嗜好の把握や売れ筋商品の特定などデータに基づいた客観的な分析が可能になります。

飲食店での導入が進むモバイルオーダーですが、最近ではアパレル業界でも進んでいます。ユニクロなど大手アパレルでは、アプリで注文し、レジに並ばずにお店で受け取るサービスを展開し始めています。

中国のモバイルオーダー＆ピックアップ

ラッキンコーヒー

フーマー店頭に設置されている
ピックアップ専用の保温ロッカー

出所：筆者撮影（2019年8月上海）

36 UI（ユーザーインターフェース）
User Interface

Key Point

- 多くのユーザーに支持される製品やサービスは、誰もが使いやすいように細部まで気を使ったUI設計がされており、身体的な負担やストレスに配慮
- UIの設計で重要なことは、考えさせないストレスフリーなデザイン

説明書が不要なほど直感的な使いやすさ

革新的な製品を世に送り出してきた米アップルの真髄は、初めて製品を手にするユーザーが難解な説明書を読まずとも簡単に快適に操作ができる点にあります。パソコンや携帯音楽プレイヤーから始まり、スマホでも新境地を開いてきたアップルの強みの一つが、この「直感的な使いやすさ」という「UI（ユーザーインターフェース）」というソフト力にあるでしょう。

UIとは、ユーザー（顧客）と製品やサービスのインターフェース（接点）を指します。一般的には、ユーザーから見た製品やサービスの視認性や操作性という意味で用いられます。どんなに優れた機能や品質を有した製品でも、どんなに優れたコンテンツや情報を記載したWebサイトでも、使いにくい、見にくい設計であればその魅力や価値は大きく劣ります。

多くのユーザーに支持されている製品は、小さな子供からお年寄りまで、誰もが使いやすいように細部まで気を配った設計がされています。人間工学（エルゴノミクス）に基づいた設計やユニバーサルデザインで身体的な負担も考慮されています。利用者の多いWebサービスも同様です。ユーザーのストレスや負担がなく快適に利用できるようページがデザインされています。このように、ハードでもソフトウェアでも、UIデザイン次第で、使い心地や満足度は大きく変わります。

ユーザーに「考えさせない」デザイン

WebサイトやアプリでいうところのUIは、「読みやすさ」「見やすさ」「分かりやすさ」「使いやすさ」がきわめて大切です。たいていのユーザーは、初めて訪れたサイトやアプリに記載されている情報を一つひとつじっくり読むことはしません。

全体にさっと目を通して、自分が必要としている情報やコンテンツの有無を判断し、必要な情報だけを取捨しています。いくらコンテンツが優れていてもUIが低いとせっかくサイトに訪れたユーザーが、肝心の情報にたどり着くまでに離脱してしまうリスクが高くなります。

そこで重要となるのが、**スキャナビリティ**です。スキャナビリティは、ユーザーがWebサイトやアプリをさっと目を通した際に、どれだけ簡単にコンテンツや情報を識別・理解できるかを表したものです。サイトやアプリの読みやすさや理解しやすさがスキャナビリティであり、これが低ければ、ユーザーがページを離れる可能性は高くなります。

ユーザーがサイトに訪れて最初に目にするページ「**ファーストビュー**」の重要性は言うまでもありません。ファーストビューで離脱する「直帰率」が高くならないように、スキャナビリティを高めてファーストビューを魅力化することが欠かせません。

UIをデザインするうえで重要な点について、ユーザビリティ専門家であるスティーブ・クルーグの言葉が参考になります。彼は優れたUIデザインとはユーザーに「考えさせない」デザインであると言います。ユーザーに考えさせないデザインをするには、何よりもユーザー目線で全体の構造を設計することが大切です。そして、多くの一般ユーザーに試してもらう**ユーザーテスト**を何度も繰り返して問題点や課題を洗い出し改善していくことで優れたUIが生み出されるのです。

Web サイト・アプリの UI の重要な点（一例）

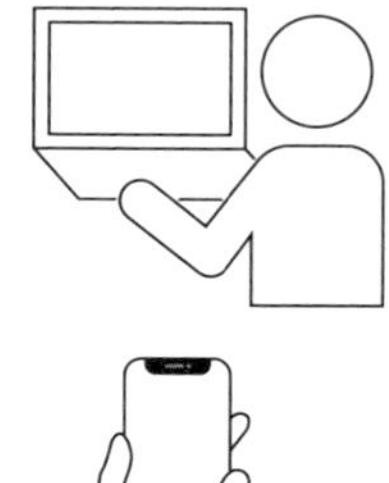

考えさせないストレスフリーなデザイン

- 情報が整理されていて読みやすい
- メニューをはじめ、構成が分かりやすい
- レイアウトや色など体裁が統一されて見やすい
- 文字サイズ・フォント、行間・文字間が読みやすい
- 目的にスムーズにたどり着く
- 直感的な操作性に優れる
- ダークパターンがなく安心して利用できる

37 ダークパターン
Dark Pattern

Key Point

- ユーザーを無意識のうちに、意図しない不利益をもたらす意思決定に誘導
- ダークパターンによる不誠実な企業姿勢が指摘されると、企業は社会的信用や顧客を失うという重大なリスクを負う

UI を悪用するケースが多発

UI（ユーザーインターフェース）の優れたデザインには、ユーザーに考えさせずに直感的にスムーズに誘導できるという特徴があります。この前提には、ユーザーに利便性や快適性などの利益をもたらすという点があります。

しかし、この「考えさせずに誘導する」という特性を悪用するケースが後を絶ちません。それが「ダークパターン」です。ダークパターンとは、ユーザーを無意識のうちに、意図しない不利益をもたらす意思決定に誘導する UI デザインを指します。

ユーザーが十分な情報を与えられた場合には「行わない可能性の高い意思決定」を、操作的あるいは半ば強制的に「企業側に都合のよい方向へ誘導」するのがダークパターンです。たとえば、不要なモノを購入したり、意図しないサービスを契約したり、知らぬ間に定期購入のサブスクリプションに契約しているなどがダークパターンの代表的な事例です。期間を設けた無料のサービスにおいて、サインアップは簡単でありながら、キャンセルするのは難しいという経験したことがある方も多いのではないでしょうか。

このようなユーザーを欺くダークパターンは、EC の Web サイトをはじめ、モバイルアプリ、SNS、企業の公式サイト、オンラインゲームなどあらゆるデジタルメディアで多用されているのが現状です。オンラインの利用に慣れたユーザーであっても、明らかに怪しげなダークパターンを見分けて罠を回避することはできるでしょうが、日々新たな手口が生まれるダークパターンのすべてを回避することは難しくなっています。それほど手の込んだ罠が Web 上に仕掛けられているのです。

代表的な特徴と悪用される認知バイアス

ダークパターンの理解を深めるために、あらゆる分野の専門家が研究に取り組んでいます。1万1000件のWebサイトからダークパターンの有無と効果を調査した研究では、ダークパターンを表の7つに識別しました。

ひとたびダークパターンによる不誠実な企業姿勢が指摘されると、企業は社会的信用や顧客を失うという重大なリスクを負うことになりかねません。欧米を中心にダークパターンの法規制が進んでいます。日本でもダークパターンは拡散しており、それに伴う被害も増え続けていますが、欧米の規制に比べて緩いことが指摘されています。ユーザーにとって最適な**デフォルト**（標準仕様・初期設定）は9割以上のユーザーが選ぶ選択肢にすることだと言われています。

ダークパターンの代表的種類

- こっそり（Sneaking）
  （具体例：こっそり買い物カゴに入れる、隠れたコスト、おとり商法）
- 緊急性（Urgency）
  （具体例：カウントダウンタイマー、期間限定メッセージ）
- 誤った誘導（Misdirection）
  （具体例：ひっかけ質問、高額な選択への圧力、視覚的干渉、自分の選択が愚かだと感じさせる選択肢）
- 社会的証明（Social Proof）
  （具体例：購入者や閲覧者などの社会的証明、出所不明なユーザー・モニターの声）
- 希少性（Scarcity）
  （具体例：在庫僅少のメッセージ、人気上昇のメッセージ）
- 妨害（Obstruction）
  （具体例：キャンセル手続きが煩雑で困難）
- 行動の強制（Forced Action）
  （具体例：アカウント作成や共有を強制）

出所：Arunesh et al.（2019）

第 3 章

プロモーションの新潮流

38 Web 広告
Web AD

Key Point

・デジタル社会への転換を象徴するように、広告業界で長らく首位に君臨してきた「テレビ」に代わり、日本の広告市場を牽引する存在へ急成長
・低額の広告費で、細かなターゲティングと効果検証を行うことができる

日本の広告市場を牽引する Web 広告

2021 年、日本の総広告費に占める Web 広告費が、初めて**マスコミ四媒体**（テレビ、ラジオ、新聞、雑誌）広告費の総計を上回りました。媒体別広告比では、マスコミ四媒体が全体の 36.1 %に対して、Web 広告費は 39.8 %となり、日本の広告業界において首位が逆転しました（電通グループニュースリリース）。

2010 年代のはじめは、マスコミ四媒体の構成比が約 47 %に対し、Web 広告が 14.1 %と 3 倍以上の差がありました。この 10 年でマスコミ四媒体が総じて減少する中、Web 広告が飛躍的な成長を遂げたことが分かります。広告業界で長らく首位に君臨してきた「テレビ」を中心とするマスメディアに代わり、日本の社会が本格的なデジタル社会へ転換したことを表しています。

従来、企業はマスメディアの広告を活用することで、不特定多数の人にアプローチするプロモーションに力を入れてきました。マスメディアは老若男女を問わず広くメッセージを届ける力のあるメディアである一方で、伝えたい人に届いているのか、実際の購買に繋がっているのか、など広告の効果としては見えにくい側面がありました。マスメディアの広告と比べて、Web 広告には以下のような優位点があります。

・細かなターゲティングが可能
・広告効果の測定・検証が可能
・低額の広告費で配信が可能
・スピーディーな広告掲載が可能
・ユーザーテストの実施が容易
・施策を柔軟に修正することが可能（クリエイティブ要素やターゲットの変更等）

Web 広告の多様な種類

Web 広告のうち、「検索連動型広告（リスティング広告）」が 4 割弱のシェアを有し、これに「ディスプレイ広告」（約 3 割）、「動画（ビデオ）広告」（約 2 割）が続きます。Web 広告の中でもとくに成長しているのが動画広告です。動画コンテンツの中（間や前後）で再生される**インストリーム広告**と、動画コンテンツ外で再生される**アウトストリーム広告**はともに毎年高い伸びを示していますが、2021 年にインストリーム広告が逆転し、同広告のニーズが年々高まっています。

動画広告の著しい成長の背景には、SNS 広告の伸長があります。SNS での動画広告はそのほとんどが数秒～数十秒であり、いわゆる**短編動画**（ショート動画）に支持が集まります。企業が展開するプロモーションは、メディア（媒体）・クリエイティブ（表現）両軸において大幅な変更を迫られています。

また、プライバシー保護の観点から、**リターゲティング広告**を制限する動きがあります。サードパーティークッキーの利用制限に舵を切るネット企業が増えており、Web 広告は新たな局面を迎えています。

今後、Web 広告が健全に成長していくためには、信頼性や安全性の問題は避けて通れません。後を絶たない悪質な Web 広告への取り締まりを強化し、ユーザーが安心・安全に利用できる体制を充実させることが不可欠です。

Web 広告の代表的な種類

種類	特徴
検索連動型広告	検索したキーワードに連動して表示される広告
ディスプレイ広告	Web サイトやアプリ上にテキスト形式やバナー形式で表示される広告
動画広告	Web サイトやアプリ上に表示される動画形式の広告
SNS 広告	動画広告の一種で SNS 上に表示される動画形式の広告
ターゲティング広告	ユーザーの属性やネット上での行動・購買履歴等から、各々に適した内容を配信する広告
リターゲティング広告	自社サイトに訪れたユーザーを追跡して、他のサイトを閲覧中に配信する広告
アフィリエイト広告	成果報酬型の広告で、広告主が設定した成果（会員登録や資料請求、契約、購入など）が発生した際に、その成果に対して報酬を支払う広告

39 SNS広告
SNS Ad

Key Point

・精度の高いターゲティングで、若年層や潜在層へ効果的なアプローチが可能
・ユーザーの態度は受動的であり、広告それ自体を楽しめる、興味を引くものでなければユーザーの目に留まらない。その効果はクリエイティブ力に大きく依拠

新たな広告の可能性を拓くSNS広告

SNS広告は、Web広告の一種で、各SNSのプラットフォームに出稿する広告です。Instagram、X（旧Twitter）、TikTok、Facebook、LINEなどが主たるSNS広告のプラットフォームです。これらの主要なSNSには広告機能も備わっており、ユーザーがチェックするタイムライン（フィード）やストーリーズ、発見タブ、リール、おすすめアカウント欄などに広告が表示されます。

SNS広告をうまく活用すれば、従来のマスメディアやWeb広告（ディスプレイ広告や検索連動型広告）以上の効果が期待されます。少ない広告費でこれまで以上のマーケティング効果を期待できます。たとえば、拡散力の強さを利用し、ユーザーへの認知を広めて集客力や販売力を高めたり、ストーリー性を持たせたクリエイティブでブランド理解や共感を獲得してファンを育成するなどの効果が期待されます。

ただし、SNSは本来、友人同士がメッセージや写真などを共有したり、近況を知ったり、情報収集などして楽しむためのツールです。そのため、SNS上で広告を積極的に見たいと思う人は少なく、不快だと感じられてしまうリスクを持ち合わせています。

いかに広告色をなくし、コンテンツとして自然にプロモーションしていくか、という点が重要になっていきます。広告色が強いと、すぐにスワイプしてスキップされます。あくまでユーザーの態度は受動的です。広告それ自体を楽しめる、興味を引くものでなければユーザーの目に留まらずただ流されてしまいます。その効果はクリエイティブ力に大きく左右されます。

SNS広告のメリットは、他の広告媒体のメリットと比べて多くあります。その代表的な特徴を表にまとめます。

検証を繰り返しながら最高の成果に近付く

SNS広告の特徴として筆頭に挙げられるのが「精度の高いターゲットを設定」できる点です。自社のターゲットに近い年代の利用が見込めるSNSを選べることはもちろん、ユーザーの属性や嗜好に沿った広告を届けることが可能な点が大きなメリットです。

また、Facebookなど一部のSNSでは**疑似オーディエンス機能**（オーディエンス拡張）を有しています。これは、「既存顧客と似た特性を持ち、ビジネスに関心を示す可能性が高いと思われる利用者に広告のリーチを広げる機能」（メタHP）です。同機能を活用することで、見込み客や若い層へリーチできることが大きな魅力です。

また、SNS広告は、広告メニューが豊富で、企業のマーケティング課題や目標に適した広告を展開できることも広告主にとっては魅力的です。SNS広告は一般的には**運用型広告**の形式を取り、他の種類の広告よりも細やかな運用ができます。一律で内容や予算を決めるのではなく、日々の広告効果を検証しながら、柔軟に配信スペースやクリエイティブ要素の改善・修正を行うことができます。

このように、広告主にとってメリットの多いSNS広告ですが、大手SNSの広告枠が悪用されるケースが相次いでいます。たとえば、SNS広告をクリックすると大手ECサイトを装った偽サイトに移り、ユーザーのクレジットカード情報を入力させるといった悪質なケースが増加しており、広告審査を強める必要性が高まっています。

SNS広告の特徴・メリット

- 精度の高いターゲットを設定
- 広告メニューが豊富で、目的に合った出稿が可能
- 広告効果を検証しながら、柔軟にクリエイティブ要素の改善や修正が可能
- 拡散力が高く、見込み顧客へのリーチなど認知向上が期待
- 若い世代へのリーチに強い
- 広告と認識されずに自然なアピールも可能なため、共感や関心を得やすい
- 商品・サービスの理解とイメージの向上
- ブランドのファンの獲得
- 成果（クリック・閲覧数）に対する広告費であるため費用対効果が明確
- マス広告に比べ、広告費が安価

40 動画広告
Video Ad

Key Point

- SNS の普及を背景に、スマホ向け動画広告が急成長
- 動画広告は、かつてのテレビ CM が担ってきた商品やサービスの認知拡大から購入意欲の促進まで幅広い役割を担う

SNS を活用した動画広告が成長を牽引

SNS 全盛の現代において、企業のマーケティング活動における「動画広告」の重要性はかつてないほどの高まりを見せています。

動画広告は映像を用いたコンテンツによって、商品やサービスを伝えるプロモーションです。広義にはテレビ CM や屋外広告、交通広告のデジタルサイネージ（44 参照）も動画広告に含まれますが、狭義には Web サイトや SNS などオンライン上で展開する動画広告を指します。ここでは、狭義の動画広告について見ていきます。

文字データや画像だけで伝えることには限界があった商品やサービスを分かりやすく、魅力的に伝えることができるのが動画広告の大きなメリットです。ただ文字を読んだり画像を見るだけの広告と比べ、短時間で多くの情報を伝えることができます。

オンラインの動画広告は、他の広告に比べて表現の自由度が高く、視聴者（ユーザー）の印象に残りやすい強いインパクトやストーリー性を盛り込んだ表現が好まれます。今や、動画広告は、かつてのテレビ CM が担ってきた商品やサービスの認知拡大から興味・関心の喚起、さらには購入意欲の促進まで幅広い役割を担っています。

ネット広告の国内最大手**サイバーエージェント**は、動画広告を「インストリーム広告」「インフィード広告」「インバナー広告」「その他」に大別しています（表）。このうち、動画コンテンツの間に挿入されるインストリーム広告が動画広告全体の約半数（48 %）を占めており、この先も同広告が動画広告市場を牽引していくことが予測されています。

短期間で定着したショート動画

世界の総広告費に占めるデジタル広告費の割合は、2021年に50％を超え、2024年には約60％に達する見通しです（電通グループニュースリリース）。日本の広告市場でもデジタル広告の成長率が突出しており、ソーシャルメディア広告、動画広告が成長を牽引しています。

国内の動画広告市場は、2022年で5601億円（昨対比133.2％）と急成長しており、2026年には1兆2451億円にまで成長する見通しです（サイバーエージェントプレスリリース）。なかでも、スマホ向け動画広告が、動画広告全体の83％を占めており、PC（8％）、コネクテッドテレビ（10％）を大きく上回っています。

スマホでは多くのユーザーが次々とスワイプして視聴したいコンテンツを探します。「ながら見」にフィットした短編動画がヒットするのも理にかなっています。

TikTokで火が付いた**ショート動画（短編動画）**は、その後Instagramのリール機能など、主要SNSでの採用が相次ぎ、きわめて短期間で定着しました。ショート動画においては、最初の数秒で視聴者の感情を揺さぶるような表現が求められます。動画での情報収集が、若い世代で当たり前になった現在において、ショート動画とロング動画を使い分けたクリエイティブ戦略が企業に求められます。

動画広告の種類

名称	特徴
インストリーム広告	動画コンテンツの間に挿入されて表示される広告
インフィード広告	サイトやアプリのコンテンツの途中に設置された広告枠を、ユーザーが視聴したタイミングで表示される広告
インバナー広告	メディアのバナー広告、ピクチャー広告枠を基軸に表示される広告
その他	モバイルアプリ・サイトのページ最上部などで拡大表示されるエキスパンド型広告とよばれるもの、コンテンツ内にアーカイブ化され、ユーザーが視聴選択をして表示されるもの、検索結果に表示された動画コンテンツの一部として表示されるもの、ゲームなどコンテンツの中に組み込まれ、ユーザーの視聴に対してインセンティブを提供する仕組みを持つものなど

資料：サイバーエージェントプレスリリース（2023年2月13日）

インフルエンサーマーケティング
Influencer Marketing

Key Point

・デジタルメディアで影響力を有するインフルエンサーをマーケティングに取り込む動きが加速
・訴求効果と共感性の高さから、ギフティングの展開が主流

若い世代へアプローチする有力手段

インフルエンサーとは、世間に対して影響力の強い人を指します。その中にはマスメディアで活躍する著名人や一流アスリートなども含まれます。最近のインフルエンサーマーケティングでは、主にSNSや動画配信サイトなどデジタルメディアで影響力を有する人々を活用するケースが増えています。

各種デジタルメディア上には、数千人から数万人のフォロワーを持つマイクロインフルエンサーから、数十万人、数百万人のフォロワーがいるマクロインフルエンサー、さらにはその上のメガインフルエンサーまで、膨大な数のインフルエンサーが存在しています。無数とも言えるインフルエンサーの中から、ブランドの世界観や価値観を共有できるインフルエンサーを見つけ、インフルエンサーの持ち味をフル活用してユーザーの共感を得るコンテンツを制作・投稿してもらう手法がインフルエンサーマーケティングです。

日頃から親近感を抱いているインフルエンサーが発する情報は、フォロワーに大きな影響を与えます。広告らしさを感じさせることなく受け入れてもらいやすいのが魅力です。さらに、メッセージが届きにくくなっている若い世代へのアプローチが期待できます。今や化粧品や美容、ファッション業界など時代の先を行くブランドの多くが、ブランディングにインフルエンサーを活用する動きを強めています。

ブランディングの中核手段に台頭

欧米の消費財メーカーのここ数年のマーケティングの一大関心が、自社ブランドのターゲット層にリーチできるインフルエンサーを見つけることです。たとえば、世界的な化粧品メーカーの仏**ロレアル**では、手頃なスキンケア商品からプロ用のヘアケア製品まで30を超えるブランドのほぼすべてにインフルエンサーを活用しています。ブランドの価値観や世界観を共有するインフルエンサーを通じて、ブランドの魅力を発信してもらいます。

インフルエンサーマーケティングの代表的な手法が**ギフティング**です。これは、インフルエンサーに商品を提供して、実際に商品を体験してもらったうえで、その感想や使用感をInstagramやYouTube、TikTok等で紹介してもらう手法です。信頼しているインフルエンサーからの情報は訴求効果が高く、従来の広告では得られないメリットがあります。

その一方で、インフルエンサーマーケティングで問題視されるのが**ステルスマーケティング**（ステマ）です。影響力のあるインフルエンサーが企業から報酬を受け取っていながら、個人の感想や意見と装って広告を明示しなければステマに該当します。実際にインフルエンサーマーケティングを積極的に取り入れている美容や化粧品の分野では、ステマを巡るトラブルが相次いでいます。

それを受け、政府は景品表示法で禁じる「不当表示」の対象にステマの内容を追加する方向で検討するなど、規制強化へ乗り出しています。明らかにステマと分かる投稿は、インフルエンサーのみならず企業やブランドにも大きな代償となります。SNSやYouTubeでのステマに視聴者は敏感になっており、企業側とインフルエンサー側のステマ防止に向けた誠実な対応が求められます。

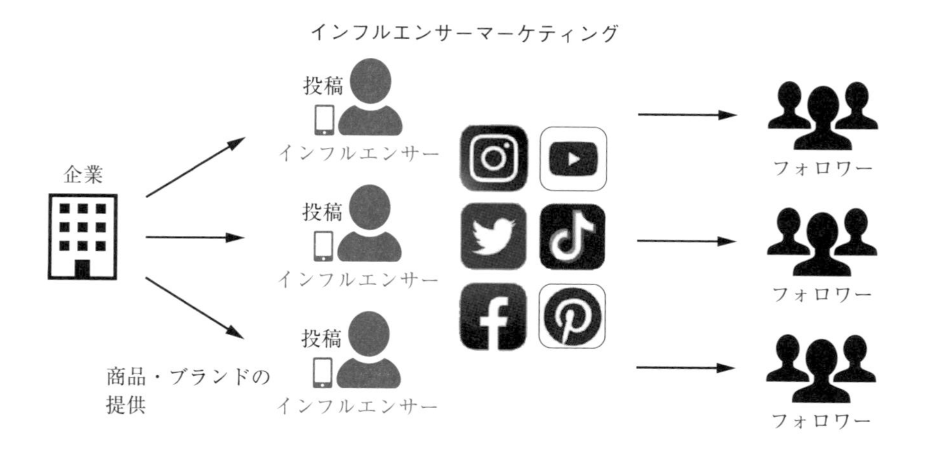

42 アンバサダーマーケティング
Ambassador Marketing

Key Point

・著名人を起用したアンバサダーは広告と異なり、自然体で情報発信やメディア露出を展開
・国や地域、世代に合わせて、別の人物を指名するといった細分化する傾向

2種類のアンバサダーマーケティング

近年、企業や地方自治体の多くが、知名度の向上やイメージアップを目的としたアンバサダーマーケティング（アンバサダー制度）を実施しています。

テレビをはじめとするマスメディアでの広告効果が疑問視される中、企業はブランド価値を消費者に広く伝える役割を持たせたアンバサダーの起用に力を入れます。地方自治体では、地元とゆかりのある著名人をアンバサダーに認定し、アンバサダーのSNS等を通して観光名所や特産品、さらにイベントなどの地域情報を魅力的に発信してもらうケースが増えています。

アンバサダーとは本来、「大使」や「使節」「代表」といった意味があります。これがビジネスシーンでは、「企業や自治体などの組織から任命され、組織に関する情報発信やメディア露出などの広報活動を行う人」を意味します。

アンバサダーマーケティングは2つに大別することができます。

・**著名人を起用**したアンバサダーマーケティング
・一般人の**コアファンを起用**したアンバサダーマーケティング

世界的に事業を展開するブランド企業では、著名人を起用したアンバサダーが多く用いられます。アンバサダーがメディアに出る際に商品を実際に着用・使用してもらったり、SNS等でブランドの魅力を発信してもらうといった自然体での発信という意味合いが強い点が広告との違いです。

そこで発信される情報や露出に関する細かな規約はあえて設けずに、アンバサダーの意思やセンスに任せる場合が多いです。広告においては、知名度の高い俳優やアスリートらをグローバルな「ブランドの顔」として打ち出す手法が一般的でしたが、アンバサダーは、国や地域、世代に合わせて、別の人物を指名するといった細分化した手法を取り入れる傾向にあります。

ブランドを知り尽くしたコアファンを起用

一方で、「コアファン」を起用したアンバサダーマーケティングでは、自社の製品やブランド、サービスのコアな愛用者を企業側がSNSや動画配信サービスで見つけ、アンバサダーとして認定します。

一般の利用者よりも企業やブランドへの愛着やコミットメントの高いコアファンが選ばれます。ユーザー目線の情報でありながらポジティブでブランド愛に溢れた情報を発信してもらうことが期待でき、広告やマーケティング臭を抑えて一般ユーザーから共感を得る効果が期待されます。

これを積極的に行っている**ワークマン**は、SNSや動画配信サイトでワークマン製品を着用して発信している人や製品のレビューをしている人、ワークマンに関わるハッシュタグを付けて発信している人などを「エゴサーチ」して、「公式アンバサダー」に認定しています。ワークマン公式アンバサダーに認定された人は、いち早くワークマン製品を見ることや新製品発表会への招待、さらに新製品のモニターなどファンの心に刺さるインセンティブが与えられます。

一般人のコアファンであるアンバサダーへの報酬は基本的に無償です。その代わりに、プレスリリースよりも先に新製品を手にしたり、イベントに招かれたり、商品開発への意見・アドバイスを求められたりするなどのプライスレスな体験ができます。ブランドを支える熱烈なファンを獲得・育成できるとともに、企業にとってもユーザー目線の貴重なフィードバックをもらえることが可能になります。

2種類のアンバサダー

	著名人アンバサダー	一般人（コアファン）アンバサダー
アンバサダーの特徴	ブランドの世界観や価値観に合致した著名人	ブランドを知り尽くした熱烈なファン
報酬	金銭的報酬	非金銭的報酬（社会的認知、体験、やりがい等）
情報発信メディア	マスメディアとSNS	SNS等デジタルメディアが中心
情報の内容	ブランドの世界観などイメージ優先	ブランド愛や特長、新しい利用用途などユーザー目線の情報
企業との繋がり	契約	好意

43 メタバースビジネス
Metaverse Business

Key Point

- 没入感のあるコミュニケーションを可能にするメタバースが、レジャーの場だけでなく、この先あらゆるビジネス空間の場として発展するかが焦点
- リアルな世界を超越した世界として、本格的な経済圏が生まれる可能性に期待

注目を集める没入感のあるコミュニケーション

現実空間を超えた、リアルとバーチャルのハイブリッドなビジネスや働き方が模索される現代において、没入感のあるコミュニケーションが可能な「メタバース」に注目が集まります。

新型コロナウイルスの感染拡大で世界の各都市でロックダウンが実施され、人々の自由な移動や交流が制限されました。巣ごもり需要が拡大する中、2021年10月にFacebookが創業以来の社名を**メタ**にあらため、メタバースに注力するのを表明したことをきっかけに、メタバースは一躍脚光を浴びました。

3次元の仮想空間は、自分の分身であるアバターを使って、人々が現実世界のように交流や買い物をしたり、イベントを楽しむといった新たなレジャーの場として利用者が拡大しました。さらに、ビジネス空間の場としての活用も注目されています。メタバース内でWeb会議を実施したり、新製品発表会や展示会、ファッションショーを開催するなど、社内向け、一般向け問わずビジネスの新しい可能性に注目が集まりました。

メタバースという言葉は、「meta（超越した）」と「universe（宇宙）」を組み合わせた造語であり、その名の通り、リアルな世界を超越した別の世界です。

広く普及しているメタバースとして、「VRChat」や「cluster（クラスター）」「Neos VR（ネオス・ブイアール）」などの「ソーシャルVR」、あるいは「バーチャルSNS」などがあります。これらは、スマホやPCからも利用することができますが、ヘッドマウントディスプレイを装着することで没入感のある体験が可能になります。また、「Fortnite（フォートナイト）」や「Roblox（ロボロックス）」などもゲーム系メタバースとしてメタバースの一種とされます。用途に応じてさまざまなメタバースを使い分けるユーザーが世界中に増えています。

市場拡大の鍵

元祖メタバースと言われるのが、2000年代に話題になった米リンデン・ラボ社が提供する「セカンドライフ」です。当時に比べ、パソコンのスペックや5Gなど通信環境が飛躍的に向上しました。さらに、一般ユーザー向けのヘッドマウントディスプレイが安く入手できるようになったことや社会のDX化の流れに乗り、利用のすそ野が急激に広がっています。

この先、成長が見込まれ、2030年頃には約100兆円にまで拡大するという予想がある一方で、失速感を指摘する声も聞かれるようになりました。メタバース事業に社運を賭けたメタの同事業部門の低迷がそれを物語っています。現状の有力なユーザーであるゲーマー以外の一般層が日々利用したくなるサービスが広く普及していくことが市場拡大の鍵を握ります。一般層の拡大に加え、どこまで産業・ビジネス用途を取り込むことができるかが、今後の成長を大きく左右します。

ビジネス面での可能性はまだ手探り状態なものの、ユーザーの**体感品質**（Quality of Experience）を高める技術が生まれています。たとえば、ユーザーのメタバース上の物質を触った感触を伝えるグローブの開発も世界的に加速しています。現実の手に近い感覚で「触る、掴む、操作する」などが可能になります。このような素晴らしい体験をもたらすことで、産業・ビジネス用途でも大きなビジネスの好機が訪れることが期待されています。

メタバースへの参入に先行する国内企業一例

企業	内容
NTTドコモ	メタバースプラットフォーム「XR World」運営
KDDI	都市連動型メタバースの運営
トヨタ自動車	「バーチャルガレージ」で車両の展示、メタバース空間を用いたCM、社内のワークスペースとして活用
日産自動車	新車の購入や相談ができる仮想店舗の開設。バーチャルギャラリー「NISSAN CROSSING」を公開
ソニー	モバイルモーションキャプチャーを発売
ビームス	リアルとメタバースに並行する「パラリアル商品」の販売

出所：各社HP

デジタルサイネージ
Digital Signage

Key Point

- 看板やポスターに代わる新たな広告や空間演出のメディア
- 柔軟に設置・運用できる利便性から、遊休資産を収益化できる取り組みとしても注目

看板・ポスターに代わる新たな広告・空間演出のメディアへ

あらゆる情報を場所を問わずタイムリーに配信することができるデジタルサイネージ（電子看板）の需要が急速に高まっています。看板やポスターに代わる新たな広告や空間演出のメディアとして、さまざまな場所や施設で導入され始めています。

デジタルサイネージとは、「屋外・店頭・公共空間・交通機関など、あらゆる場所で、ディスプレイなどの電子的な表示機器を使って情報を発信するメディアを総称」（デジタルサイネージコンソーシアム）したものです。デジタルサイネージ広告の国内市場規模は約690億円で、うち「交通機関」は全体の51.9％と最も多く、これに「商業施設・店舗」（20.6％）が続きます（CARTA HOLDINGSプレスリリース、2022年見通し）。「商業施設・店舗」はこの先も堅調な成長が見込まれ、なかでも「小売店（GMS・SM・コンビニエンスストア・ドラッグストア）」でのさらなる成長が予測されています。

小売業はこれまでも店舗の専用ラックに小さいディスプレイで、メーカーが制作した映像広告（動画）を流す試みは行われてきました。今日のデジタルサイネージは大型の画面で新商品やキャンペーン情報などを掲載することで、来店客の需要喚起に繋げています。

デジタルサイネージが有する多くの強み

デジタルサイネージは、静止画や動画が表示されることや、パネルが発光することで、暗い場所でも視認性に優れます。その用途は広告に限定されず、施設利用者に向けた掲示板や案内標識、看板などでも活用されています。

従来、屋外や交通機関に掲載される広告は**OOH**（**アウトオブホームメディア**）と呼ばれ、通行人に訴求する役割を持ってきました。一度掲載されると、週や月単位で同じ広告が掲載され、広告表示内容（コンテンツ）の切り替えや広告効果の測定は容易ではないことが課題でした。

これに対して、デジタルサイネージは、表示内容を差し替える手間暇を大幅に削減することが可能です。ポスターを張り替えることなく、リアルタイムでコンテンツを修正することができます。柔軟に設置・運用できる利便性から、これまでは広告媒体とは捉えられてこなかった場所に設置したり、多様なコンテンツを表示することができるようになりました。たとえば、エレベーター内やコンビニエンスストア、大学、病院、ホテル、マンションエントランス、レストランのテーブル、タクシー車内・車窓、電車内、個室トイレ、喫煙所などこれまで積極的には取り付けられてこなかった場所もメディアとしての価値が見いだされています。遊休資産を収益化できる取り組みとしても注目されています。

広告効果の測定については、デジタルサイネージに取り付けられたカメラやディスプレイに内蔵されているカメラを利用することでディスプレイ（表示内容）の前を通過した人数や実際にコンテンツを視聴した人数、視聴時間などを測定することができます。さらに、視聴者の属性（年代や性別）を特定することもでき、属性に応じた最適なコンテンツを配信することも可能です。時間帯や曜日に合わせてコンテンツを随時切り替えるなど柔軟な対応も技術的に可能であり、マーケティングの新しい手段として大いなる期待が寄せられているメディアです。

デジタルサイネージの主たる機能

① 視認性の高い情報発信
② リアルタイムの情報更新
③ 広告（コンテンツ）視認数の計測
④ 視聴者や通行人の属性の特性
⑤ 視聴者の属性に応じた広告（コンテンツ）の発信
⑥ 音楽の演奏や映像配信等の空間演出

顧客接点
Customer Touch Points

Key Point

・顧客との良好な関係性を築くうえで顧客接点の整備と強化は不可欠
・多様化する顧客接点の最適化を図り、それぞれのシームレスな連携が高品質な顧客体験を実現

顧客接点の強化は喫緊の課題

顧客接点とは、「企業と顧客とが直接ないし間接的に接するあらゆる機会(タッチポイント)」を意味します。企業の規模や業界を問わず、顧客の創造やビジネスの成長において顧客接点の強化は欠かせないものになっています。

商品やサービスの「購入前」において顧客との関係性を構築する段階から、「購入時」さらには「購入後」の一連の**カスタマージャーニー**において、多様化する顧客接点の最適化を図る取り組みが求められています。

かつては、B to C であればマスメディアを通じた広告や DM、カタログ、コールセンターが、B to B であれば営業活動やイベント、展示会が主な顧客接点でした。

デジタルが社会に浸透するにつれて、日常生活や経済活動の多くがオンラインにシフトしました。消費活動においては、製品やサービス、店舗の検索をオンラインで行うのが一般的になりました。顧客接点の中心は、SNS や Web サイト、メール、アプリなどへ変わりました。

オンラインでは、製品やサービスを検索するのみならず購入まで完結できます。多くの業界で、販売チャネルはかつての実店舗から EC サイトや SNS にシフトしました。多様化・複雑化する顧客接点において、画一的な対応・訴求ではなく、顧客の状況やメディアの特性に応じた取り組みが求められます。

顧客接点の多様な役割

消費者がさまざまなメディアから多くの情報に接触する中で、企業やブランドとの距離を近付け、良好な関係性を築くうえで顧客接点の整備と強化は不可欠です。顧客接点は表に示す通り、マーケティング課題に対応した重要な役割を担っています。まずは、①自社やブランドの認知を拡大することに加え、②

ブランドの理解やイメージの向上が挙げられます。

さらには、③顧客に関するデータを修得できるというメリットもあります。これは、自社のWebサイトをはじめとするオウンドメディア（自社が管理・運営するメディア）において、顧客のさまざまなリクエストやアクションといった行動データの取得が可能になります。

以前は多くの企業が、集客力のある他社のサイトが取得したサードパーティーデータを自社のマーケティングに活用してきましたが、個人のプライバシー保護への関心の高まりなどを背景にクッキーの利用が規制されたことで、サードパーティーデータの収集が困難になってきました。そのため、ファーストパーティーデータの重要性が増しているわけですが、オウンドメディア内の顧客行動の追跡などで④顧客理解を深めることが可能になり、こうして収集したデータを、⑤顧客との関係性を管理・強化するCRM（100 参照）に活用していくケースが増えています。さらにデータを活用し、⑥見込み客へのリーチや、⑦ファンの育成（ロイヤルティの向上）に繋げることも可能にします。

オンラインもリアル空間もともに、多様化する顧客へのタッチポイントを整理し、サービス品質やブランド体験の均一化とそれぞれのタッチポイントのシームレスな連携こそが⑧高品質な顧客体験の実現には不可欠です。このような視点から顧客接点を見直し、デザインしていくことがDX時代には求められます。

顧客接点の役割

①	自社、製品・ブランド、サービスの認知拡大
②	ブランド理解の促進やイメージの向上
③	顧客ニーズ・要望や行動データの収集
④	顧客理解の深化
⑤	既存顧客との関係性やコミュニケーションの深化
⑥	見込み客へのリーチ
⑦	ファンの育成（ロイヤルティの向上）
⑧	高品質な顧客体験の実現

46 PESOモデル
PESO Model

Key Point

・企業がマーケティング活動で利用することができる４つのメディアの総称
・シェアードメディアを中心としたPESOメディアの有機的な連携がプロモーション戦略の最重要課題に台頭

トリプルメディアの特性

この10年余りで、メディアのデジタル化が急速に進展しました。ソーシャルメディアが台頭した当初、日本企業は欧米に比べて新しいメディアへの対応に慎重でした。しかし、スマホとSNSの普及によって顧客接点が多様化したことで、従来の広告をはじめとするマーケティング・コミュニケーションの手法は変化を余儀なくされました。

2009年、アメリカのCNET（IT情報サイト）に「Multimedia2.0（マルチメディア2.0）」という記事が投稿され、大きな反響を呼びました。そこでは、企業がマーケティングに活用できるメディア群を以下３つに整理しました。

・**ペイドメディア**（Paid Media）：媒体社が保有する有料のメディア
・**オウンドメディア**（Owned Media）：自ら所有するメディア
・**アーンドメディア**（Earned Media）：生活者や媒体社など企業に直接関係ない第三者が発信するメディア

自らが保有するオウンドメディアで自社が訴求したい情報を発信するとともに、第三者（アーンドメディア）へ情報提供することに加え、必要に応じて各媒体社が有するペイドメディアで広告を掲出して露出の機会を増大させていくという**クロスメディア**の重要性が指摘されてきました。これらは、それぞれの頭文字にMediaのMを加えてPOEM（ポウム）と英語圏では呼ばれ、日本では**トリプルメディア**と呼ばれます。

シェアードメディアを加え４モデルへ

消費者によって制御されるソーシャルメディアの影響力が増す現状を踏まえ、2010年にアーンドメディアをパブリシティやPRなど報道機関が情報を発信する取り組みとSNS等ソーシャルメディアで消費者によって情報が発信される取り組みに区別し、PESO モデルが生まれました。

PESO モデルでは、ペイドメディア、オウンドメディア、アーンドメディアのトリプルメディアに次が追加されました。

・**シェアードメディア** (Shared Media)：ソーシャルメディア等で消費者が起点となって情報が発信・共有されるメディア

このように、PESO モデルは、「アーンドメディア」をパブリシティや PR 活動全般を指す言葉に捉え直したうえで、新たに「シェアードメディア」として、SNS や個人のブログなどのソーシャルメディアを区別した点に特徴があります。

PESO モデルのアーンドメディアもシェアードメディアも自社で主体的に発信するオウンドメディアとは異なり、第三者の外部主体が情報を取り上げることで、その情報をコントロールできないことが共通しています。アーンドメディアは、第三者の報道機関が有するメディアであり、自社の情報を報道で取り上げてもらう**パブリシティ**が行われます。一方のシェアードメディアでは、SNS が有する拡散力で広い層へのリーチが期待できます。今やシェアードメディアを中心としたPESO メディアの有機的な連携がプロモーション戦略の最重要課題になっています。

トリプルメディアから PESO メディアへ

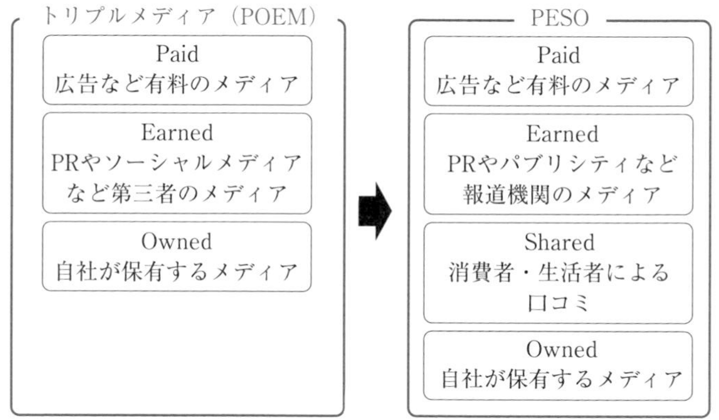

47 コンテンツマーケティング
Content Marketing

Key Point

- 製品やサービスを「売り込む」代わりに、消費者や見込み客が「問題を解決」できるような有用なコンテンツ（情報）を提供するマーケティング
- ユーザーの役に立つ「ユーザー目線」のコンテンツで見込み客やファンを獲得

「宣伝しない」マーケティング

インターネットが普及する前は、買い手が商品やブランド、サービスに関する情報に出会う機会は限られていました。企業はマス広告や店頭での POP、展示会やカタログなどアナログなメディアで情報発信をしてきました。

しかし、消費者を取り巻くメディア環境が大きく変わった今日では、消費者はインターネットを介してさまざまなメディアでさまざまな情報にアクセスすることができるようになりました。そこでは、企業が発信する情報だけでなく、ソーシャルメディアでユーザーが発信する口コミやインフルエンサーの情報などからも企業やブランド間の比較や検討ができるようになりました。

このような情報過多の時代において、自社の広告に振り向かせるのは容易ではありません。製品やサービスを「売り込む」代わりに、消費者や見込み客が**問題を解決**できるようなコンテンツ（情報）を提供することが求められる時代になりました。

コンテンツマーケティングとは、真に有用な質の高い情報（コンテンツ）を提供することで、マーケティング目標を達成する手段です。これまでも広告は各種コンテンツを提供してきました。コンテンツマーケティングと広告の違いは、広告が自社製品・サービスを宣伝することが目的のコンテンツであるのに対し、コンテンツマーケティングはユーザーの役に立つ**ユーザー目線**のコンテンツを発信していく点です。

ファン獲得の秘訣はコンテンツにあり

実際の企業事例を見ていきます。生活や健康についてのハウツー情報やヒントを HP や YouTube で広く発信する「くらしの研究」という生活情報サイトがあります。家事・美容・健康・育児などのハウツー情報や楽ワザ情報などが

満載で人気を得ています。このサイトを運営するのが花王です。同サイトでは花王の製品を前面に出さずに、ユーザーが気になるテーマを専門家が深掘りする達人コラムや生活者レポートとして人々の意識やライフスタイルなどの情報を発信しています。情報を並べるだけでなく、タイトルにも工夫が見られます。たとえば、「5分で見違える！プロ直伝、オンライン映えする簡単メイクテク」や「ワイシャツのアイロンがけをラクにするコツ！簡単&時短テクニック」のような興味を引くタイトルが並びます。生活に身近でユーザーが気になっているテーマを扱うことで、サイトへ訪れる機会を増やし、ファンの育成やブランディングに大きく貢献しているものと思われます。

コンテンツマーケティングは、B to B 企業が見込み客を獲得したり、**商談化率**を上げるための有力な手段としてかねてより重視されてきました。コロナ禍の影響で展示会やセミナー等のオフラインの顧客接点が難しくなったことで、オンラインでのコンテンツマーケティングをマーケティングの中心にする企業がB to B、B to C 企業ともに増えています。

将来の顧客の心に響くコンテンツをどのように定期的に生み出していくか、これが、今日のマーケティング・コミュニケーションの中心課題に台頭しているのです。

花王のコンテンツマーケティング―4つのコンテンツ―

① 生活者レポート	② 達人コラム
時代によって変化する人々の意識やライフスタイルを最新の生活者研究からお届けします	「生活者レポート」と対になるコンテンツ。気になるテーマを今一番聞きたい専門家が語るホットなコラム
③ くらしのお役立ち情報	④ 発表！ みんなのアンケート
目からうろこの楽ワザや、家事・美容・健康などのハウツー情報を幅広くお届けします	みんな、どう思ってるの？ 気になるあの話題を、読者アンケートの中からご紹介します

資料：花王HP

48 ネイティブ広告
Native Advertising

Key Point

・ユーザーの視聴・利用体験を阻害せず、各メディアのコンテンツに自然に溶け込むように表示される広告

・デザインを揃えて表示するため、広告が持つ「押し付け感」を抑える効果が期待

広告の押し付け感を抑え、受け入れられる広告

広告市場は、38で見たようにWeb広告の一人勝ちが続いています。Web広告が、高度なレコメンデーション技術やパーソナライズ技術によって進化し続ける一方で、ユーザーは必ずしもそれを歓迎していないことは複数の調査で明らかにされています。たとえば、オンライン上におけるユーザーの視線の動きを可視化した**ヒートマップ調査**においては、記事部分は見ているが、周りの広告箇所は見事に避けられているという結果が報告されています。

確かに、各種オンラインのサービスを利用していると、同じ内容の広告が執拗に表示されたり、真偽不明な内容や公序良俗に反するような「不快な広告」を目にする機会は多くあります。また、景品表示法や薬機法、著作権法等に触れる露骨な表現や画像を用いた広告を目にすることも少なくありません。こうした不快な顧客体験の積み重ねにより生じる嫌悪感から、広告を回避する**アドブロックツール**の利用も世界的に拡大しています。

見て欲しいのに見てもらえない広告が増えている中で、ユーザーの視聴・利用体験を阻害せず、各メディアのコンテンツに自然に溶け込むように表示される広告が「ネイティブ広告」です。日本インタラクティブ広告協会（JIAA）では、ネイティブ広告を次のように定義しています。

「デザイン、内容、フォーマットが、媒体社が編集する記事・コンテンツの形式や提供するサービスの機能と同様でそれらと一体化しており、ユーザーの情報利用体験を妨げない広告を指す」。

それぞれのサイトやコンテンツの表示方法やデザインに揃えた形で表示されるため、違和感なく受け入れてもらえやすく、広告が持つ「押し付け感」を抑える効果が期待されています。

消費者に嫌われずに、顧客体験を妨げない広告へ

このように、今日求められる広告は「いかに消費者を振り向かせるか」というクリエイティブよりも、「**いかに消費者に嫌われないか**」あるいは「いかにオンライン上の顧客体験を妨げないか」という発想の転換が求められています。

ネイティブ広告には表に挙げるようないくつかの種類がありますが、共通するのが 47（コンテンツマーケティング）で触れたように、良質なコンテンツの提供を続けていくことの重要性です。ユーザーにとって役に立つ情報だと評価してもらうことによって、「一方的な広告」から「意味のある、読まれる広告」になることができるのです。

ネイティブ広告は広告である以上、PR（広告）であることを明示することが必ず求められます。コンテンツに馴染ませるばかりにPRや広告主の表記がなければ、それはユーザーを欺いたステマに該当します。あまりにコンテンツに馴染ませることを優先するばかりに、その内容が広告なのか判断しにくいケースが散見されます。記事だと思って読んだら広告だったというユーザーを欺いた行為は、ユーザーの離脱ばかりか広告主にネガティブな印象を与えます。ネイティブ広告は、公正性や健全性が担保することが強く求められます。

ネイティブ広告の種類

種類	特徴
インフィード型	最も一般的なネイティブ広告で、メディアのコンテンツとコンテンツの間に、同じ表示形式で掲出される広告
ペイドサーチ型	いわゆるリスティング広告（検索連動型広告）で、検索結果と同じような形式で掲出される広告
レコメンドウィジェット型	「あわせて読みたい」や「あなたにおすすめ」といった導線で、ユーザーの興味・関心と関連性の高い情報として掲出される広告
プロモートリスティング型	ECサイト等で検索内容に応じて類似した商品やサービスがスポンサー枠として同じ形式・体裁で掲出される広告
カスタム型（その他）	上記4つのいずれにも分類されない形式のネイティブ広告

出所：日本インタラクティブ広告協会HPを一部修正

49 クリエイティブ AI
Creative AI

Key Point

- 過去の大量のクリエイティブデータを学習した AI を活用して、マーケティング効果の高い最適なクリエイティブを効率的に生成
- 広告領域に限らず、人間の創造的活動の多岐にわたる分野で活用が進む

広告クリエイティブの新たな可能性

「新聞広告のセクシーが待っている」――。これは、2016 年 10 月 20 日の新聞紙面に掲載された AI が作成したキャッチコピーです。AI が書いたコピーを使った新聞広告の国内第 1 号と言われます。

このキャッチコピーを生み出したのが、**電通**が開発した「AI コピーライターAICO（アイコ、AI COPYWRITER の略称）」です。AI の開発は、自然言語処理を専門とする静岡大学の狩野研究室と電通の共同開発で行われ、コンピュータによる言語処理の技術とキャッチコピーを生み出す知見をそれぞれが持ち寄って研究が進められました。電通のコピーライターが AI の学習をサポートすることで、より人間に近いコピーの生成を可能にしました。

AICO の例に見るように、AI を活用して最適なクリエイティブを生み出すのが「クリエイティブ AI」です。これまで、広告におけるキャッチコピーやデザインを制作する際には、コピーライターやデザイナーのクリエイティブ力が根幹となり、きわめて属人的な世界でした。また、複数の広告を作成し、**A/B テスト**等でユーザーの反応を比較することで最適な成果を見込めるコピーやデザインを選定するなど時間と労力を必要としました。

これに対し、人間とは異なる発想をし得るクリエイティブ AI は、過去の大量のデータを活用することで広告効果の高いクリエイティブ作品を効率的に生み出していくことが期待されます。キャッチコピー等の文章作成作業以外にも、CM の台本づくりや映像制作、画像制作や音楽制作などの分野でもクリエイティブ AI がすでに活躍しています。

クリエイティブAIが拓く世界

広告分野で早くからAIによる広告クリエイティブの開発に取り組むのが、サイバーエージェントです。同社は2016年にAI開発の専門組織を立ち上げ、多岐にわたる研究を進めてきました。

AIの予測精度を上げるには学習データを蓄積する必要がありますが、分析のためのタグ付けやデータ入力をする作業が一日4万件に上ると言います。すでに、静止画などを用いたバナー広告では、AIが画像や単語などを組み合わせて最も高い効果が見込める表現の選択を実現しています。配信先に応じて異なるデザインやキャッチコピーをAIが生成し広告効果を高めてきました。

さらに同社では、仮想空間の普及もにらみ、AIによる動画広告を量産する取り組みを始めています。3次元（3D）のタレントの分身（アバター）を活用し、視聴者の好みなどに応じてしぐさやセリフなどの演出を作り分けることが可能だと言います。ユーザー一人ひとりに最適化したクリエイティブの制作は今後ますます進化していくでしょう。

クリエイティブAIは広告領域に限らず、小説やアート、映画、ドラマ、マンガ、動画、絵画、音楽、ゲームなど人間の創造的活動の多岐にわたります。往年の名著から最新の文学賞受賞作までを大量に学習させて小説を書くAIや過去のヒットソングのトラックを学習させて作曲するAI、さらに著名画家の作風を学習させて絵を描くAIなど、さまざまなクリエイティブ・芸術分野でクリエイティブAIが活用されています。文化芸術分野でもすでに賞を受賞するほどの高いクオリティの作品が出現しており、その動向が注視されています。

一方で、こうしたクリエイティブな活動にAIを用いることの負の側面も指摘されています。2023年5月以降、アメリカでは映画やドラマの脚本家や俳優らによるAI利用を巡る大規模なストライキが発生しています。

電通グループ内で使用されているAIモジュール

- AIコピーライター「AICO」
- バナー自動生成＆効果予測ツール「ADVANCED CREATIVE MAKER」
- 独自開発チャットボットツール「Kiku-Hana」
- 流行予測ツール「TREND SENSOR」
- ソーシャル広告効果予測ツール「MONALISA」

出所：電通報（2021年5月18日）

50 チャットボット
Chatbot

Key Point

・顧客に不便さやストレスを与える機会を解消し、利便性を高めて顧客満足を向上
・問い合わせ対応だけでなく、その活用シーンは広がりを見せており、多くの企業や組織で導入が進む

顧客対応を進化させたAIチャットボット

「回線が混み合っていますので、しばらくたってからおかけ直しください」――。企業の電話サポートがこのようなアナウンスで繋がらなく、問い合わせを諦めた経験は誰しもが一度はあるのではないかと思います。回線が混んでいるだけでなく、サポート時間も限られていました。

顧客に不便さやストレスを与えるこうした機会を解消したのが「チャットボット」です。企業は自社のサイトにおいて、顧客からの問い合わせに対応するカスタマーサポートでこれを導入しました。

チャットボットとは、人間同士のおしゃべりを意味する「チャット」とロボットの略称「ボット」を組み合わせた言葉です。顧客からの質問をオンライン上で即座に回答する自動対話システムが主流になっています。チャットボットは、あらかじめ設定されたプログラムに基づいて対応（会話）するタイプと機械学習や自然言語処理などを使用して顧客の意図を判断して対応するAIを搭載した**AIチャットボット**があります。

WebやSNS上で文字入力、または音声で問い合わせを行った顧客に対して、質問の意図を高い精度で読み取り、適切とされる回答をスピーディーに行います。質問文に含まれる重要なキーワードを分析して、抽出されたキーワードに紐付く適切な回答をデータベース上で検索して回答文の作成を行います（図）。

これまでのように、繋がらないことも、待たされることもなく、そして時間的な制約もありません。しかも、気軽に問い合わせをすることができ、スピーディーに解決できるので顧客満足度のアップに繋がります。必要があれば、チャットボットから有人対応をシームレスに行うサービスもあります。

チャットボット導入のメリット

問い合わせ対応だけでなく、これまでWebサイトや電話で行ってきた各種手続きもチャットボットで行うようになっています。たとえば、ヤマト運輸では、集荷、受取日時、配送状況の確認や再配達などの手続きはスマホでのチャットボットで対応します。電話での集荷依頼やWebを開くこと自体も面倒と感じる現代の消費者にマッチしたシステムと言えます。

導入する企業側のメリットも大きいです。従来は人間が対応していたインバウンド（受信）とアウトバウンド（発信）の負担が大幅に減少されます。コスト削減の効果に加え、マーケティングの観点で重要なことは次の点です。

・ユーザーの顧客体験を向上
・ユーザーの顧客満足度を向上
・ユーザーの声（要望や課題）を大量に獲得
・商品やサービスの不備や改善点を発見

顧客が何に困っているのか、何を必要としてるのか、何に不満を持っているのか……。商品やサービスに対する不備や改善点の発見に大きく貢献します。チャットボットは2016年以降、アメリカの大手IT企業が相次いで公開したことをきっかけに急速に普及しました。その利便性から、今日では企業のみならず地方公共団体など行政が用いるケースも増えており、住民からの問い合わせに24時間、自動対応するなどその活用シーンは広がりを見せています。

チャットボットの仕組み

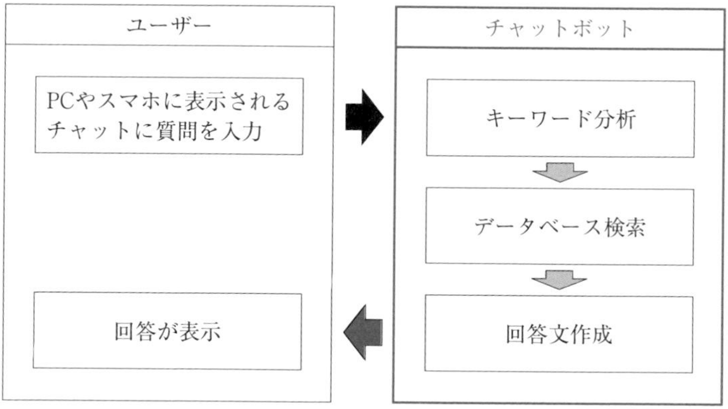

ユーザー
PCやスマホに表示されるチャットに質問を入力
回答が表示

チャットボット
キーワード分析
データベース検索
回答文作成

資料：リコーHP

生成AI
Generative AI

Key Point

- 人間の指示に従って、文章、画像、動画などを自動で作る生成AIが拓く可能性に世界が注目
- 便利な反面、懸念や課題、危険性も多く指摘される

多分野で注目される生成AI

2022年11月30日に公開された対話型AIチャットボット「**チャットGPT**(ChatGPT)」の性能の高さは世界を驚かせました。2か月というきわめて短期間のうちに世界で1億人の月間ユーザーを獲得し、半年後には9億人がサイトを訪れました(「日本経済新聞」2023年5月31日)。驚異的なスピードで広がるこのサービスは、AIの開発を行うアメリカの研究組織**オープンAI**(OpenAI)による、「生成AI」です。

生成AIは、新しいコンテンツを生成するアプリケーションとAIを結合させたプログラムです。これまでも同様の技術は存在していましたが、人間の能力と同等あるいはそれ以上のアウトプットを生み出すクリエイティブの高さが特徴です。

チャットGPTのAIプログラムを試した実例がメディアで紹介され、その高精度な文章やクリエイティブ力に注目が集まりました。テキスト生成以外にも、Midjourney や Stable Diffusion 等による画像生成AIも話題になりました。生成AIは、コンピュータのコードの生成や新薬の開発、半導体の設計なども視野に入っていると言われ、今後の展開は無限の可能性を秘めています。

マーケティングの分野でもこの世界中で注目されるテクノロジーを取り込む動きが見られます。たとえば**博報堂DYホールディングス**では、生成AI技術で画像を動画に変換し、ユーザーが広告プロモーションやストーリーの一部に参加できるサービスを提供しています。

これまで、グーグル一強と言われた検索の分野の新しい可能性を生成AIは示しました。アメリカ大手IT企業が生成AIの覇権争いに続々と参戦しており、同分野の人材獲得競争が激しさを増しています。

期待とリスクが交錯

私たち生活者の誰もが、AIサービスを無料もしくは安価に利用することができるようになりました。これまでAIは、一部の企業や技術者など専門的な知識を有する人や組織のみが利用できるものでしたが、生成AIにより子供から大人まで、日常生活や職場でのAIの活用が身近になると見られています。

生成AIは便利な反面、懸念や課題、危険性も多く指摘されています。アウトプットの正確性への疑問や差別的、反社会的、暴力的な表現が生成・拡散するリスクが懸念されています。

生成AIはインターネット上にある膨大なデータをもとに事前学習します。そもそもすべての情報が事実とは限らず、間違いや偏りのあるデータで事前学習してしまえば、回答する情報も偽情報を含んでしまいます。実際に、偽情報を含む例も多く紹介されています。チャットGPTのトップページでは、「不正確または無意味な回答を書くことがあります」「モデルが不適切な要求を拒否するように努めていますが、有害な指示に応答したり、偏った動作を示すことがあります」と警告しています。

生成AIは、フェイクニュースの作成やサイバー犯罪に悪用される可能性などあらゆるリスクが指摘されています。表は2023年5月に公表された政府の「AI戦略会議」がまとめた生成AIのリスクです。生成AIの今後を見据えた法整備やガイドラインづくりの議論が世界的に進みつつあります。

生成AIによるリスク（AI戦略会議）

①	機密情報の漏洩や個人情報の不適切な利用
②	犯罪の巧妙化・容易化
③	偽情報などが社会を不安定化・混乱
④	サイバー攻撃が巧妙化
⑤	学校現場における生成AIの扱い
⑥	著作権侵害
⑦	AIによって失業者が増える

第 4 章

リサーチ・分析の革新

52 マーケティング・リサーチ
Marketing Research

Key Point

・マーケティング・リサーチはマーケティング上の課題解決を目的とし、高いレベルでの戦略構築や意思決定に寄与
・マーケティング・リサーチは主に実態把握・仮説検証・効果測定で活用

マーケティング上の課題解決を実現

企業を取り巻く環境が不確実性と複雑性を増す今日において、マーケティングの意思決定に有用な情報を提供するマーケティング・リサーチの重要性が高まっています。有用な情報とは、「マーケティング上の課題解決」を目的とするものであり、市場や消費者の実態の解明をはじめ、マーケティングの各活動において、高いレベルでの戦略構築や意思決定に寄与する情報です。

マーケティング・リサーチは、有望な市場を発見したり、新製品のアイデアを探索したり、テストマーケティングで新製品の売れ行きを推定したり、価格弾力性や広告効果を測定するような場面など、マーケティング活動のさまざまな局面で客観的かつ科学的な意思決定を行う手段として有効です。

マーケティング・リサーチには、いくつかの目的がありますが、大きくは次の3つに分類することができます。

① 実態把握……顧客ニーズや市場の動向など実態を把握する
② 仮説検証……あらかじめ立てた仮説の真偽を確かめる
③ 効果測定……どれほど効果があったのかを確かめる

また、マーケティング・リサーチの初期段階において、仮説もアイデアもない場合にアイデアや知見を得るために行う調査を**探索的リサーチ**と呼びます。立てた仮説に基づいてその実態や特徴を明らかにする調査を**記述的リサーチ**、原因と結果の関係を明らかにする調査を**因果的リサーチ**と呼びます。

多種多様なマーケティング・リサーチの種類

マーケティング・リサーチは、調査で得られるデータの種類から、大きくは「定量調査」と「定性調査」の２種類に分けることができます。

① **定量調査**……調査結果（取得したデータ）を数値化して分析することを想

定して設計された調査

② **定性調査**……人の言葉や行動といった数値化できないデータの収集を目的として設計された調査

定量調査のメリットは、調査結果が数値で表されるため、統計的に処理することが可能になり、比較や意思決定がしやすくなります。一方の定性調査は、言葉や文章で回答を得るため、定量調査では分からなかった回答者の意見や感情、行動理由等を知ることができます。

マーケティング・リサーチで行うのは、調べたい対象者の中から代表となるサンプルを選び出して調査を行う**サンプル調査**です。これに対して対象者全員に調査を行うのを**悉皆（しっかい）調査**と言い、国勢調査がこれに該当します。

マーケティング・リサーチの調査手法は、とても多岐にわたります。その代表的な調査方法には表のものがあります。調査目的や予算に応じた手法が採用されることになります。

マーケティング・リサーチの実査手法（一例）

種類	特徴
質問法	質問票を用いてある事柄に対する質問を対象者に尋ねる調査手法
グループインタビュー／デプスインタビュー	複数の対象者がグループとなり、テーマに沿って話し合うことで情報を収集する定性的な調査手法。デプスインタビューは、対象者の意見や感情をより深く掘り下げて深層心理に迫る調査手法
観察法	対象者の行動を観察し、客観的に記録する調査手法
実験法	意図的・計画的に条件を統制して、要因間の因果関係を解明する調査手法
ビッグデータ分析	収集された膨大なデータを分析することで、ビジネスに有用な知見やアイデアを獲得する調査手法
ソーシャルリスニング	SNS上で消費者が発信している声の分析を通して、消費者のリアルな声を把握する調査手法
脳科学調査	調査対象者の脳の中で起きている事実を科学的に分析することで、対象者の反応を明らかにする調査
エスノグラフィック調査	人類学において異文化の行動様式を分析するための手法で、対象となる消費者の日常行動を現場でつぶさに観察する手法

53 ビッグデータ
Big Data

Key Point

- ビッグデータの収集・分析を通して、企業経営やマーケティングの重要な意思決定や商機の発見、収益拡大に結び付ける取り組みが加速
- データサイエンスの活用で、これまで見えなかった根本的課題や潜在意識が可視化

ビッグデータが拓く可能性

スマホの普及やIoT、デジタル技術の進展、さらにはコンピュータの処理能力の向上等に伴い、企業が獲得できるデータの種類や量は飛躍的に拡大しました。日々生成される「ビッグデータ」を活用して、企業経営やマーケティングの重要な意思決定や収益拡大に結び付ける取り組みが加速しています。

マーケティングで最も重要な顧客データについて見ても、消費者の多くがオンラインで情報を検索し、そのまま購入できるようになったため、扱うデータの量が莫大に増えました。そこでは、どんな広告を見て、どんなキーワードを検索して、どの商品と見比べて、どのサイトから商品を購入したのか、これらの顧客行動が位置情報や顧客情報とともに可視化されました。

マーケティングでは、データの背後にある重要な因果関係や、人間の行動の解明が重要です。詳細な顧客情報を蓄積していき、データ分析を通した解釈・想像力がマーケティングの成果を大きく左右します。

従来、企業が行ってきたマーケティング・リサーチは、アンケート調査やインタビュー調査が中心でした。これらのリサーチでは、「顧客は何を望んでいるのか」「顧客は何に満足・不満を持っているか」という「何（What）」の解明に重きが置かれてきました。これに対し、ビッグデータを活用すると「なぜ（Why）」や「どのように（How）」という観点から、データの背後にある重要要因の抽出や人間の行動の背後にある**深層心理**に迫ることも可能になります。

大規模データの解析・分析を行う**データサイエンス**の積極的な活用によって、これまでは見えなかった根本的な課題や、消費者自身も気付いていない潜在的な欲望や願望が見えてくることが期待されます。

目標達成に向けた意思決定と商機の発見

ビッグデータの要素は、Volume、Variety、Velocity、Veracityの4つの「V」で表すことができます。

- **Volume（量）**：デジタル化された文字や数値、画像、音声などが大量に集まった塊。全世界で生成・消費されたデジタルデータの総量はこの10年で約30倍増加
- **Variety（多様性）**：従来から企業内に存在する売上データや在庫データといった構造化データに加え、SNS等のテキストデータ、動画データ、位置情報データ、さらにはIoTに見る各種センサーを通じて取得される情報等、非構造化データが飛躍的に増加
- **Velocity（速度）**：膨大なデータ量に対して、データの処理速度を高める技術革新も同時に進展。実世界で生成されるさまざまなデータがリアルタイムで収集・蓄積されると同時に分析が可能。速度を求め、データ発生に近い場所でデータ処理を行う**エッジコンピューティング**が注目
- **Veracity（正確性）**：有効な意思決定を行うためには、データ分析で得られる結果が正確であること、信憑性を伴っていることが何よりも大事。絶え間なく収集・蓄積される多種多様なデータから、異常なデータをいかに効率よく検知し、それを除去するか。**スパース構造学習**（スパースモデリング）等により異常値を検知する技術が発展

ビッグデータ分析は、図のように最終的にはマーケティング目標の達成に向けた意思決定や商機の発見に期待できます。

ビッグデータ分析のプロセス

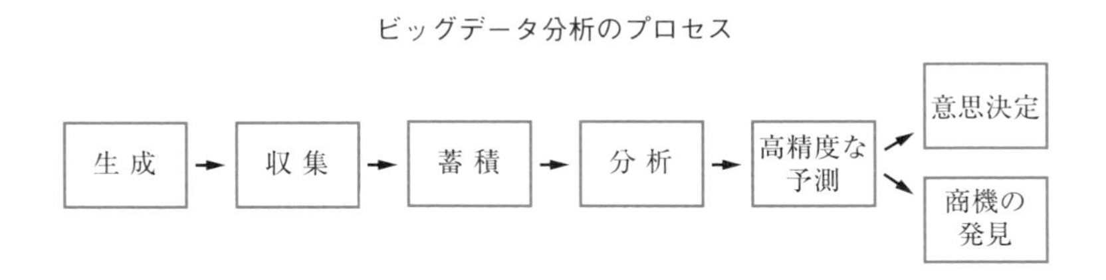

54 データ分析
Data Analysis

Key Point

- DX 時代に決定的に差が出るのがデータ分析のスキルであり、データを活用して価値ある知見をいかに見つけ出すかが鍵
- データの大規模化と分析手法の高度化により、顧客や消費者を深く理解

データによる価値創造

データを取得すること自体は一昔前に比べ、非常に容易になりました。その一方で難しいのは、そうしたデータを活用して価値ある知見を見つけ出す局面です。これがDX時代に決定的な差が出るマーケティングスキルです。デジタル時代にビジネスを成長させるには、データが持つ意味と重要性についての基本的な前提や認識を変える必要があります。知的財産や特許、ブランドと同じくらい大切な無形資産としてデータを位置付けることが大切です。

データには構造化データと非構造化データが存在します。**構造化データ**とは、数値や記号の値のように一定の規則に則って整形されたデータで、集計や解析に適したデータ構造です。**非構造化データ**とは、テキストデータや音声、画像や動画のように集計や分析が容易でない構造化されていないデータです。企業の内外を問わずさまざまなものがデジタル化されたことで、非構造化データは爆発的に増加しています。

社内の構造化データは従来からそれなりに活用されてきましたが、それでもまだまだ活用の余地はあります。一方で、爆発的に増えている非構造化データに関しては、まだ手を付けられていない企業も多く、その効果的な活用は容易ではありません。

世の中に存在するデータは圧倒的に非構造化データが多く、構造化データは1割に満たないとも言われています。その非構造化データに光を当てることで、手付かずの未知の領域に踏み出すことが期待されます。

マーケティングにおけるデータ分析の活用シーン

IoT（69参照）をはじめとしたデジタル技術の発展により、これまで取得できていなかったデータの取得が可能になりました。多種多様なデータが大量に収集できるビッグデータの時代となり、顧客や消費者を深く理解することができるようになりました。マーケティング活動を効果的に実践するためにデータ分析力がますます重要になっており、データ分析を新たなビジネスチャンスに繋げる可能性が広がりました。

マーケティング領域におけるデータ分析は、表のように、「マーケティング計画の策定」「マーケティング活動の効果測定」「売上予測」「市場構造の把握」「顧客の特徴の把握」「消費者行動の特徴の把握」などにおいて実際に活用されます（岡太／守口 2010）。

マーケティングで利用できるデータは、従来に比べて飛躍的に大規模で事細かくなったと同時に、はるかに安価に容易に入手・活用できるようになりました。データの大規模化に対応して、データ分析手法も多様化・高度化しています。回帰分析や因子分析のような一般的な多変量解析の手法が用いられるほか、共分散構造分析や多項ロジットモデル、そして各種データマイニング手法などの応用的な手法もよく使われるようになりました。

マーケティングにおけるデータ分析の主な目的

分析目的	具体的な例
マーケティング計画の策定	製品スペックの決定、価格設定、広告出稿計画、SP計画、店舗立地計画等
マーケティング活動の効果測定	製品力の評価、ブランド力の評価、広告効果測定、SP効果測定、価格効果測定、立地効果測定等
売上予測	新製品の売上予測、既存製品の売上予測、商品カテゴリーの季節性分析等
市場構造の把握	競争構造の把握、サブカテゴリーの規定、ポジショニング分析等
顧客の特徴の把握	顧客ロイヤルティ分析、顧客生涯価値の測定、顧客離脱分析、顧客ターゲット分析、優良顧客の識別等
消費者行動の特徴の把握	消費者セグメント分析、消費者ニーズ分析、ブランド選択行動分析、商品の併売行動分析、店舗選択行動分析等

出所：岡太／守口（2010）

55 顧客分析
Customer Analysis

Key Point

・デジタルを活用した顧客分析により、顧客一人ひとりへの理解を深めることで、それに応じた最適な施策の展開やマーケティング課題・機会を発見
・デジタルで買い物体験を可視化でき、顧客の真の姿やニーズに迫ることが可能

顧客理解を深めるデジタル

マネジメントの大家、**ピーター・ドラッカー**は半世紀前の著書の中で、企業が「顧客や市場について知っていることは、正しいことよりも間違っていることの方が多い」と指摘しました。「顧客に聞き、顧客を見、顧客の行動を理解して初めて、顧客とは誰であり、何を行い、いかに買い、何を期待し、何に価値を見いだしているかを知ることができる」（ドラッカー 1964）という点は今の時代も変わることがありません。

マーケティングの手法をアナログからデジタルに移行する一番のメリットが**顧客理解の深化**にあります。デジタルを活用した「顧客分析」によって、これまで見えなかった、知ることができなかった顧客の姿が可視化できるようになりました。

これまでの顧客分析は、同質のニーズを有するセグメント（集団）や同じ属性を束として捉え、表層的な理解にとどまっていました。しかし、デジタルを活用した顧客分析により、購買実績や行動履歴などのデータが入手でき、顧客一人ひとりへの理解を深め、それに応じた最適な施策の展開やマーケティング課題・機会を発見できるようになったのです。

顧客分析を経て顧客理解を深めることができれば、自社が提供している製品やサービスと顧客が求めているニーズとの齟齬（ギャップ）を把握することができます。顧客が何に価値を見いだしているのか、どのような点に不足や不満を感じているのか、いかなる機能やサービスを必要としているのか、顧客分析を行うことで製品やサービスの改善に繋げることができます。

店舗の DX 化による新たな顧客分析

DX 化（64 参照）で遅れを取ってきた小売業ですが、ここ数年でリアルシフトが進んできました。これによって、利用客へ新しい買い物体験を実現することに加え、店舗オペレーションの効率化が進みました。

店舗の DX が進んだことで、リアル店舗の小売業でも詳細な顧客分析が可能になりました。小売業がこれまで蓄積してきたデータは「いつ、誰が、何を、いくらで買ったか」という「結果（販売実績データ）」だけでした。これに対して、店舗においてセンサーや AI カメラ（27 参照）などデジタル技術を駆使することで、入店してから退店するまで来店客がどのような動きをしたか、売り場のどこに立ち寄ったか、手にした商品、戻した商品は何か、何と何が比較されたか……など店舗での買い物体験（購買プロセスデータ）を可視化することが可能になり、顧客の真の姿やニーズに迫ることができるようになりました。

顧客分析で用いられる代表的な指標として、表の 6 つが挙げられます。

顧客分析の代表的な指標

セグメンテーション分析	既存顧客をある共通項（デモグラフィック変数やサイコグラフィック変数等）でグループ化し、各グループへの適切なマーケティング施策に繋げる
RFM 分析	最近いつ来店（購買）があったか（Recency）、どのくらいの頻度で来店（購買）する顧客か（Frequency）、さらに購入金額（Monetary）の 3 つの指標でロイヤルカスタマー（優良顧客）の程度を識別する。それぞれのグループに適切なマーケティング施策を講じることで購買率や顧客満足度を高める
デシル分析	購買履歴データをもとに、売上貢献度の高い顧客を高い順に 10 等分して、各ランク（デシル 1～10）にグループ化し、優良顧客層の特定や各グループに応じたマーケティング施策の展開に繋げる
コホート分析	顧客を属性や行動データ等の共通項でグループ化し、定着率やコンバージョン数などの行動の変化を長期的に分析する手法。主に、Web サイトに訪れた顧客の行動分析で用いられる
CTB 分析	購買履歴データをもとに、「カテゴリー」「テイスト」「ブランド」の 3 つの指標から顧客をグループ化し、グループごとの嗜好・ニーズの把握と購買予測を行う
行動トレンド分析	購買データを時系列（季節や曜日、時間帯など）に分類し、シーズンごとのトレンド（購買率）を導き出す手法。シーズンに応じた最適なタイミングで効果的なマーケティングの展開を可能にする

56 ソーシャルリスニング
Social Listening

Key Point

・SNS上のリアルな生活者の声に積極的に耳を傾け、それを収集・分析する取り組み
・ソーシャルリスニングは、顧客中心主義の実現に向けた具体的な取り組みであり、今日のマーケティング成果に大きく影響

ソーシャルメディアは顧客データの宝庫

SNSをはじめ、ブログや掲示板、レビューサイトなどのソーシャルメディア上で飛び交うリアルな生活者の声に積極的に耳を傾け、それをマーケティング戦略に活用していくのが「ソーシャルリスニング」です。

従来、企業が顧客の意見や感想を把握するには、アンケート調査やインタビュー調査に頼ってきました。このような「用意された場」では、**誘導バイアス**によって回答が歪められて実情との誤差が生じてしまうことが欠点として指摘されてきました。あるいは、潜在ニーズや深層心理を探ることが難しかったり、見込み客の声を拾えなかったりするなどの課題がありました。

それが、ソーシャルメディア上では生活者が主体的に発信する情報が溢れており、企業は、より自然で素直な意見や感想に触れることが可能になりました。ソーシャルメディアで顧客の声や評価を収集・分析することで、これまで把握しづらかった自社やブランドに対する「感想」や「意見」「クレーム」「質問」「評価」「フィードバック」などの生活者のリアルな声に触れることが可能になりました。

SNS上における生活者の生の声から、**トレンド分析**などの将来予測や自社製品やサービスに対する潜在的な脅威の発見に繋げることも可能になっています。まさに、SNSは顧客データの宝庫です。顧客理解を深める新たな方法論であり、マーケティング・リサーチの新たな有望な手法となります。

ソーシャルリスニングを通して、いかに貴重な知見や示唆を獲得するか、ソーシャルリスニングの適切な運用が今日のマーケティング成果に大きく影響しています。

真の顧客中心主義を実現

顧客中心主義を標榜する企業は日本でもよく見られますが、実際にそれを体系化している企業は多くありません。ソーシャルリスニングは、顧客中心主義の実現に向けた具体的な取り組みであり、顧客理解を深めて新たな成長機会を創出する原動力になります。

ソーシャルリスニングは、ユーザーの投稿データを扱うので、収集・分析対象のデータは莫大なものになります。ソーシャルリスニングを実践するうえでは、リスニングのための組織づくり、目標設定、KPI（重要業績評価指標、58参照）の設定等のプロジェクト管理が求められます。リスニングを行うための組織形態をどのように設計するか、リスニングで明らかにしたい問いは何か、マーケティング目標と絡めて目標とKPIを設定し自社のビジネスにどのように貢献するのか、どのように活かすのか、そこからどのような成功を得るのか、こうした見通しを最初に設定します。

リスニングの方向性を定義したら、リサーチ対象を決定し、最適な意見や会話のソースを決定します。

アメリカの広告リサーチ協会のスティーブン・D・ラパポートは、ソーシャルリスニングで成功した企業に共通する事項として、表の6点を挙げています。

ソーシャルリスニングで成功した企業の共通点

1	明確な目的と戦略を持って開始する
2	オンラインと従来のメディアを組み合わせたプログラムを設計し、ソーシャルメディアを重要な要素として位置づけている
3	ソーシャルリスニングの役割をあらかじめ定義している。単なる付属物と見なしたり、後追いで役割を検討したりしない
4	効果的なリスニング・リサーチの原則に沿ってリサーチを実行している
5	ソーシャルリスニングと、ほかのマーケティングソースやデータ（二次調査、意識調査、指示された行動）を組み合わせる
6	リスニングで得られたインサイトを踏まえ、それがたとえ従来の常識に反したものであっても、大胆に行動する

出所：ラパポート（2012）

57 データサイエンス
Data Science

Key Point

・数学や統計学、AI、コンピュータサイエンス、プログラミング技術等を駆使して、膨大かつ複雑なデータを収集・分析して新しい価値や知見を導出
・経営やマーケティング活動に即した目標を達成するための手段として注目

ビジネスを創造・変革するデータサイエンス

世界で流通するデータの量や種類は、スマホの普及や各種センサー技術などの発展により激増しました。顧客情報や販売データなどの構造化データに加え、ソーシャルメディアのUGCをはじめとする非構造化データを高速にリアルタイムで入手して活用することができるようになりました。

これまでは一部の企業や研究機関のみが扱えた大規模データが、今ではデータを収集・管理するためのツールが広く普及したことなどにより、多くの企業あるいは個人でさえも容易に入手できる時代になりました。その結果、データサイエンスを活かした分析力を、より多くの企業や組織がビジネスの現場や各種業務プロセスで適用することができるようになりました。

こうした背景から、経営やマーケティング活動に即した目標を達成するための手段として「データサイエンス」が脚光を浴びています。データサイエンスとは、「データを収集して詳細な分析を行うことで、ビジネスの意思決定に繋げたり、社会の課題解決に繋げることを目指す学問」を指します。

データサイエンスは、数学や統計学、AI、コンピュータサイエンス、プログラミング技術等を駆使して、膨大かつ複雑なデータを収集・分析して新しい価値や知見を導き出します。このような専門スキルを身に付けた**データサイエンティスト**の育成は世界各国の喫緊の課題となっています。

日本の大学は、アメリカや中国に大きく遅れを取っていますが、国公立大学、私立大学ともにデータサイエンス系学部・学科の新設が相次いでいます。これまでも多種多様なデータを分析するニーズは高まっていましたが、企業間で加速するDX需要を背景に、世界でデータサイエンティストの獲得合戦が繰り広げられています。

データドリブンの意思決定

膨大なデータから、自分たちのビジネスを有利に進める知見を導き出し、これまで見えていなかったこと、気付いていなかったことが可視化できるようになりました。観測したデータから因果関係を推測して未来を予測する、あるいは、望むべき結果となるように原因をコントロールしていくという作業が、マーケティング分野を中心としたビジネスのあらゆるシーンで行われるようになりました。

現代の企業には、客観的なデータに基づいて意思決定や行動を取る**データドリブン**の経営が強く求められています。これを効果的に推進できるかどうかは、収集するデータとその分析の精度に大きく左右されることになります。高度なデータ分析を行うためには、自社が設定したマーケティング課題・目標に最適な分析手法を選ぶ必要があります。データサイエンスにおける分析は、その目的によって、表に示す通り「記述的分析」「診断的分析」「予測的分析」「処方的分析」の4つに識別されます。

日本では2030年に最大79万人のIT人材が不足するという政府の試算があります。とくにAIやデータサイエンス分野の人材は不足しており、その対応は喫緊の課題になっています。

分析手法の分類

記述的分析	収集したデータをさまざまな切り口から分析し、過去に何が起こったか、今何が起こっているかについて理解するために用いられる分析手法
診断的分析	記述的分析を一歩進めたもので、過去になぜそれが起こったか、その理由を理解するために用いられる分析手法。事象が起こった原因や因果関係等を明らかにする
予測的分析	収集したデータをもとに、この先、何が起こるのかを推測するために用いられる分析手法。過去のデータを精査し、データのパターンや関係性を検出し、機械学習・深層学習等の分析手法を用いて将来の予測を行う
処方的分析	収集したデータをもとに、今後起こり得る事象を特定し、最適な選択肢を提示するために用いられる分析手法。将来何が起こるのかだけでなく、今後何をすべきかを判断するのに役立つ

KPI
Key Performance Indicator

Key Point

- 目標に対する到達度（達成度）を測るための定量的な指標であるKPIは、ビジネスだけでなく、さまざまなシーンで活用
- 測定可能な状態にすることで、必要なタスクが可視化され、優先順位が明確化

目標達成までの道筋を明らかにする定量的な指標

KPI（Key Performance Indicator）は、日本語に訳すと「重要業績評価指標」となり、目標に対する到達度（達成度）を測るための定量的な指標を意味します。KPIはビジネスだけでなく、非営利活動や学校、さらにはスポーツや個人の活動などあらゆるシーンで用いられるようになりました。

KPIと似た言葉に**KGI**（Key Goal Indicator：重要目標達成指数）があり、企業なり組織なり個人が最終的に達成したい目標（ゴール）を意味します。企業で言えば、売上高や利益率などが最終目標としてのKGIとなります。KGIだけだと、具体的な達成の道筋を摑むことができません。さらに、KGIが達成できなかった際に、どこに問題や課題があるのか特定することができません。

しかし、KPI設定によって、ゴール達成のために細分化したプロセスを設けることで、それぞれの業務成果の「見える化」が可能になります。これによって、各業務の成果を測定するとともに、PDCAの運用サイクルを通して、業務の改善を継続的に行うことが可能になります。

部門レベルであれ、個人レベルであれ、可能な限りで細分化したKPIを設定することが目標達成までの道筋を明らかにしてくれます。それぞれを測定可能な状態にしておくことで、必要なタスクが可視化され、優先順位が明確になり、目標を効率よく達成することに繋がります。

バリエーションに富んだKPI設定が可能に

デジタルを活用したマーケティングにおいては、企業が取り扱うデータの量が膨大であるために、従来のマーケティングに比べてバリエーションに富んだKPI設定が可能になります。最終的なマーケティング目標（KGI）を達成するために必要なKPIを洗い出し、KGIに繋がる現実的かつ効果的なKPIの設定がきわめて重要になります。

現実的で適切なKPIを設定するには、**SMARTの法則**を用いることが重要です。

・Specific（具体的）：目標は明確で具体的であること
・Measurable（測定可能）：目標は達成度を測定できること
・Achievable（達成可能性）：目標は達成可能であること
・Relevant（関連性）：目標は最終目的に関連していること
・Time-bound（時間制約）：目標達成の期限を設定すること

ECやWebマーケティングを展開する際に用いられる代表的なKPIを表に示します。KPIの要素を分解することで、ECの売上が芳しくないときに具体的にどの要素に対して対策を打てばよいかが明確になります。

ECやWebマーケティングで用いられるKPIの一例

KPI指標	内容
コンバージョン率（CVR）	Webサイトでの成約率（購入や問い合わせ等の成果）
ユーザー数（UU数）	Webサイトに訪問したユーザー数
DAU／MAU	DAUは日別アクティブユーザー、MAUは月間アクティブユーザーの数
セッション（訪問回数）	ユーザーがWebサイトにアクセスした回数
ページビュー（PV）	Webページを閲覧した回数
新規訪問者数	Webサイトに初めて訪問したユーザー数
リピート訪問者数／リピート率	Webサイトに2回目以降訪問したユーザー数。リピート率は、2回以上購入した人の割合
平均単価（ARPU）	顧客一人当たりの平均支出額
セット率（UPT）	顧客一人当たりの購入点数
流入数	検索結果やSNS、リファラル（他社サイトでの広告からの流入）などから自社サイトに訪問した数
インプレッション（IMP）	Web広告が表示された回数
エンゲージメント率	SNSにおいてユーザーが積極的な反応（いいね、クリック、シェアなど）を示した割合
直帰率（Bounce Rate）／離脱率	最初に訪れたページのみ閲覧して離脱した割合。離脱率は、各ページで離脱した割合
顧客獲得単価（CPA）	購入や問い合わせなど、コンバージョン1件当たりに要したコスト

DMP（データ・マネジメント・プラットフォーム）
Data Management Platform

Key Point

- 顧客にまつわる社内外のさまざまな情報を収集・統合・分析して、マーケティング各種の施策を最適化
- 各社が得意とする分野のデータや技術を活かしたDMPの共同開発・運用が注目

顧客データを一元管理するプラットフォーム

デジタルマーケティングの分野において、「DMP（データ・マネジメント・プラットフォーム）」に注目が集まっています。DMPとは、文字通りデータのプラットフォームになる場所であり、顧客にまつわる社内外のさまざまな情報を収集・統合・分析して、マーケティング各種の施策を最適化するものです。

企業には、多様で膨大なデータが日々蓄積されていますが、多くの場合、社内全体でそれを共有して有効活用するには至っていないのが実情です。顧客データの一元管理であるDMPによって、さまざまな切り口で顧客データを統合・活用することが可能になります。

これによって、コミュニケーション戦略の最適化が期待できます。たとえば、「過去1年以上購入がない顧客にキャンペーンを案内」することや「入力フォームで離脱した顧客に広告を配信」することが可能になります。あるいは、同じWebページでも、人によって表示する広告を変えるなど、効果的なプロモーションも展開できるようになります。

DMPを活用することで同じ特徴を有するセグメント単位や顧客一人ひとりに合わせて柔軟に対応することができるようになるのです。

DMPには次の種類があり、それぞれ扱うデータが異なります。

- **プライベートDMP**（社内データ：ファーストパーティーデータ）：自社が取得・保有しているデータを扱うDMP。顧客データから問い合わせデータ、販売実績データ、Webのアクセスログデータ等。信憑性が高い点が特徴
- **オープンDMP**（社外データ：サードパーティーデータ）：他社や国や行政機関等が取得・保有しているデータを扱うDMP。各種マクロデータから企業が保有するミクロデータまで多種多様で情報量が多いのが特徴

DMP での連携強化によるデータ活用機会の拡大

ここ数年、大手広告会社はDMPの運用に力を入れています。電通と電通デジタルは、サイバー・コミュニケーションズ（現CARTA HOLDINGS）やセールスフォース・ドットコム、アドビシステムズ、トレジャーデータといった有力企業のDMPやマーケティングクラウド、およびデータマーケットプレイスと連携し、データの活用機会を拡大するサービスを提供しています。これによって、電通が保有するデータ（ファーストパーティーデータ）と提携企業等が保有するデータ（サードパーティーデータ）に加え、マーケットプレイスに参画する特定企業のデータ（セカンドパーティーデータ）との連携や交換も可能になるとしています。

ほかにも、広告大手のADKとJR東日本企画、東急エージェンシーの3社がデータマーケティング領域の新会社を設立し、各社が得意とする分野のデータや技術を活かしたDMPの共同開発・運用を行っています。

企業が扱うデータは今後さらに急増する見通しです。データを一元管理し、企業のマーケティングを支援するDMPへの需要はますます高まるでしょう。

DMPの国内事例
―電通と電通デジタルによるPeople Driven DMP X（クロス）―

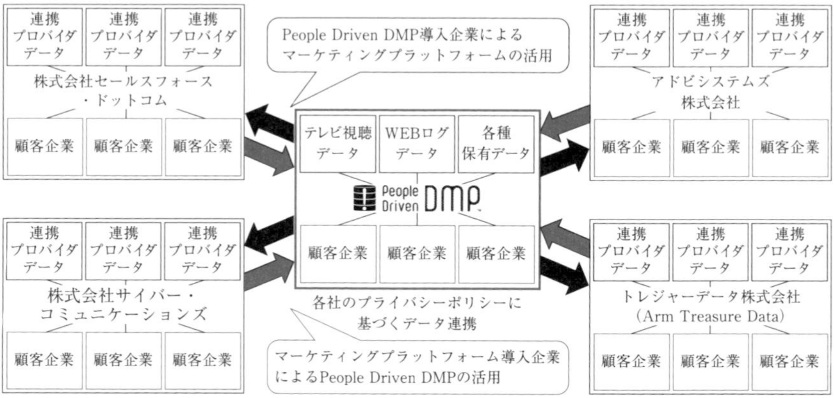

連携プロバイダデータ　連携プロバイダデータ　連携プロバイダデータ
株式会社セールスフォース・ドットコム
顧客企業　顧客企業　顧客企業

People Driven DMP導入企業によるマーケティングプラットフォームの活用

連携プロバイダデータ　連携プロバイダデータ　連携プロバイダデータ
アドビシステムズ株式会社
顧客企業　顧客企業　顧客企業

テレビ視聴データ　WEBログデータ　各種保有データ
People Driven DMP
顧客企業　顧客企業　顧客企業

連携プロバイダデータ　連携プロバイダデータ　連携プロバイダデータ
株式会社サイバー・コミュニケーションズ
顧客企業　顧客企業　顧客企業

各社のプライバシーポリシーに基づくデータ連携

マーケティングプラットフォーム導入企業によるPeople Driven DMPの活用

連携プロバイダデータ　連携プロバイダデータ　連携プロバイダデータ
トレジャーデータ株式会社（Arm Treasure Data）
顧客企業　顧客企業　顧客企業

※2019年12月時点

出所：電通ニュースリリース（2019年12月18日）

60 位置情報データ
Location Data

Key Point

- 位置情報データはマーケティングをはじめビジネスを革新させる手段として期待
- これまで見えなかった消費者や顧客の動きに関わるデータが取得できることで、その動きを予測して最適なプロモーションなど積極的なマーケティングが可能

位置情報でビジネス変革

スマホやセンサー技術が新たなデータ収集方法を生み出すにつれて、企業が入手・活用できるデータの量は以前に比べて飛躍的に増加しました。その一つとして注目されるのが「位置情報データ」です。位置情報データを活用して、ビジネスを変革する取り組みに注目が集まっています。

位置情報データの価値が広く認識されるきっかけになったのが、新型コロナウイルス感染拡大の中での人流データです。全国主要駅や繁華街、観光地における通行人口や流動状況が連日報道されました。このときに利用されたデータが、通信事業者やIT企業が提供した位置情報のビッグデータです。

データの取得方法は、大きくはアプリを通じて位置情報を取得するGPS型と基地局型に分かれます。従来、通行人や滞在者の人数を計測するのは、目視を中心としたアナログな作業が中心だったため、人手と時間がかかるのがネックでした。スマホに搭載されているGPS機能を用いることで、道路の通行量や来店者数、あるいは公共施設の混雑具合などのデータを取得することが可能になりました。

GPS以外にも無線LANサービス（Wi-Fi）、ビーコン（Bluetooth接続）、基地局を用いることで、利用者の位置を把握することができます。これらの手段を用いて取得した位置情報データはマーケティングをはじめビジネスを革新させる手段として注目されています。

位置情報データで急成長を遂げるのが、米スタートアップのPlacer.aiです。同社は全米の2000万を超えるデバイスの位置情報を取得し、あらゆる業界がこれを活用したマーケティングを展開しています（「日経MJ」2022年1月28日）。

リアルタイムのデータを活用したマーケティングを展開

デジタル対応で遅れを取ってきた実店舗を有する小売業や飲食業で位置情報データを導入する動きが加速しています。リアル店舗にとって、店舗のデジタル化は大きな課題でした。これまで見えなかった消費者や顧客の動きに関わるデータが取得できるようになったことで、動いている人々をリアルタイムに把握・分析して、その動きを予測して最適なプロモーションを展開するなど積極的なマーケティングを行うことが可能になりました。

小売店舗では、特定の商品棚の前を通過した瞬間を捉え、特定の商品のクーポンを顧客のスマホにプッシュ配信する試みが行われ始めています。これは、店内に設置した**ビーコン**（電波受発信機）を活用するもので、Bluetoothの電波が届く範囲で精度の高い位置情報を把握することが可能です。また、来店客の店舗内の動線（買い物行動）が把握できることにより、商品配置の最適化や店内のデジタルサイネージ（44 参照）との連携などを行うことで、顧客属性に応じた商品のレコメンドを行うことも可能になりました。

位置情報はデータが随時更新されていくため、リアルタイムで価値の高い情報を獲得・活用できるのが大きな特徴です。この特徴を活かして、たとえば店舗から一定の範囲内にいる消費者にタイムセールなどお得な情報を配信することができます。あるいは、顧客属性データと連携して、来店の可能性が高いターゲットに絞り、セールに関する情報やクーポンを配信するなど販促施策の効果を高めることも期待されます。

これらのプロモーションを実施した際の効果検証もデジタルデータのため実施しやすいという利点があります。このように、オフラインの実店舗でも位置情報データを用いることで精緻なマーケティングを実行することが可能になりました。

マーケティングを革新する位置情報データ

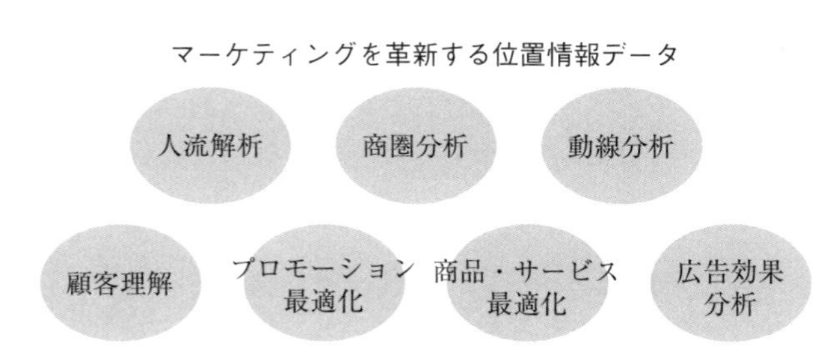

61 ID–POS 分析
ID-POS Analysis

Key Point

- これまでの POS データでは把握できなかった「誰が」購入したかが分かるのが ID–POS
- ID–POS 分析を通じて、効果的なプロモーションの実施や優良顧客を識別

店舗経営の飛躍的な効率化をもたらした POS

ID–POS とは、POS データすなわち販売時点情報に顧客情報が紐付いたデータを指します。これまでの POS データでは把握することができなかった「誰が」購入したかが分かる貴重なデータとして、今日の多くの小売企業が導入しています。

1980 年代に入り、流通各社は POS（販売時点情報管理）システムを導入し始めました。POS レジの登場と JAN コード（共通商品コード）の普及は当時の流通業の経営に大きな影響を及ぼしました。これまでは店主の経験をベースに品揃えをしていた体制から、単品別の売上管理によるエビデンスベースの品揃えが行えるようになり、限られた売り場スペースの効率性を飛躍的に高めることになりました。売れ筋商品・死に筋商品の把握から店舗課題の発見、さらには売上予測などの手段として、POS システムは小売業にとって欠かせないシステムとなりました。

その後、顧客に会員カード（ポイントカード）を発行する小売チェーンが増え、これを POS データと連結させることで、自社顧客一人ひとりの購買行動をきめ細かく把握・分析することが可能になりました。

ID–POS が顧客行動を浮き彫りにする

ID–POS 分析によって、自社に来店する顧客はどのような顧客なのか、どのような商品を購入しているのか、どのくらいの頻度で店に来ているのか、何時に来店するのか、どれくらい店の売上に貢献しているのか……など顧客の特徴を詳細に把握することができます。

通常、ポイントカードが発行される際は、氏名、性別、年齢、住所、電話番号、メールアドレスを収集するのが一般的です。企業によっては家族構成や職

業、世帯年収など詳細な属性情報を求めるケースもあります。

ID-POS分析では、上記のような顧客の属性情報を活用してセグメンテーション（市場細分化）に活用することができます。「40代・女性・都内在住」のようなデモグラフィック変数とジオグラフィック変数を用いた特定のセグメントの購買行動の把握が可能になります。顧客の購買行動から仮説を導き、それをプロモーション施策等に繋げていくことができます。

さらに、**デシル分析**（購入金額の多い順に顧客を並べ、10等分に区分する分析手法）や**RFM分析**（R：直近購買日、F：購買回数、M：購買金額から顧客を区分する分析手法）などを用いて顧客をグルーピングしたり、優良顧客の維持・育成に向けた施策を可能にします。店舗への貢献度に応じて顧客に特典を与える**FSP（フリークエントショッパーズプログラム）**も**ROI**（費用対効果）の高いマーケティング施策として多くの企業が導入しています。

ドラッグストアの**ツルハホールディングス**は、ID-POS情報と店舗内動線データによりインストアの顧客行動の把握に向けた取り組みやID-POSデータを用いた広告事業に参入しています。食品、日用雑貨、美容品などさまざまな業界・メーカーが同社のID-POSデータを活用したプラットフォームに接続し、プロモーションに活用しています。

ID-POSで入手できるデータを図にまとめています。左側が従来のPOSデータから分かる情報であり、「小売業による商品販売の記録データ」です。これに顧客を識別するIDデータが加わると、右側（赤字）のように「顧客一人ひとりの商品購買の記録データ」が加わり、今までは見えなかった自社店舗や自社製品の**ショッパー**（買い物客）の真の姿が見えるようになりました。

ID-POSで入手できるデータ

従来のPOSデータ		ID-POSデータ
・「いつ」売れたか	＋	・「誰が」買ったか
・「何が」売れたか		・「誰が」買わないか
・「いくらで」売れたか		・「初めて」買ったか
・「どの店舗で」売れたか		・「繰り返し」買ったか
・「どの年齢層に」売れたか		・「何人が」買ったか
・「何と一緒に」売れたか		・「優良顧客」の識別

62 オープンデータ
Open Data

Key Point

・国や地方公共団体、さらには民間企業などが保有しているさまざまな無料データ
・行政の透明性・信頼性の向上、国民参加・官民協働の推進、経済の活性化・行政の効率化が三位一体で進展することが期待

遅れを取るオープンデータの活用

デジタル化の進化によって、民間企業はもちろん、行政の各種活動においても、さまざまな情報がデジタルで収集・蓄積されています。デジタル経済においては、ICT（情報通信技術）やデジタル技術の利活用だけではなく、データをどのように使いこなすか、という視点がマーケティングの革新や意思決定の向上においてきわめて重要になっています。

企業がマーケティングや意思決定において利用するデータには主に次の種類があります。

・社内データ（自社の業務活動によって生成されるデータ）
・外部データ（他社が保有するデータ）を購入
・外部公開データ（オープンデータ、統計データ等）を無料で入手
・外部データを共同研究やアライアンス等により入手

日本企業のデータ利活用の実態について、日本企業約2000社を対象に行ったアンケート調査を見ると、データの入手元は、「社内データ」が圧倒的に多く、調査対象の7割程度がこれを活用している傾向が見られます。これに「外部データ（の購入）」（約3割）、「外部公開データ（オープンデータ等）」（約2割）、「外部データ（共同研究等）」（約1割）が続きます。

このように社内データに注力し、無料で利用できるオープンデータを十分に活用していない傾向が日本企業には見られ、欧米の動きに遅れを取っています。マーケティング領域においても、データを分析する際のデータの組み合わせは、「単独で分析」が約半数を占めており、3種類以上のデータを組み合わせた割合は2割程度にとどまっています（総務省HP 2020年3月）。

量・質ともに充実するオープンデータ

オープンデータをはじめとする「外部公開データ」を活用するケースが2割と低い現状にあります。オープンデータとは、国や地方公共団体、さらには民間企業などが保有している、誰でも無料で利用できるデータです。デジタル庁は、オープンデータについて、以下のいずれの項目にも該当する形で公開されたデータと定義しています。

① 営利目的、非営利目的を問わず二次利用可能なルールが適用されたもの
② 機械判読に適したもの
③ 無償で利用できるもの

オープンデータは世界各国で関心が高まっており、アメリカ、EUほか諸外国においてもこれの積極的な活用に向けた取り組みが進められています。日本においては、2016年12月に「官民データ活用推進基本法」が施行されました。これによって、国および地方公共団体はオープンデータに取り組むことが義務付けられ、2018年3月までに全都道府県が公開しました。

オープンデータの推進により、行政の透明性・信頼性の向上、国民参加・官民協働の推進、経済の活性化・行政の効率化が三位一体で進むことが期待されています。

東京都および都内区市町村が公開した**データセット**（データの集合）は、5308件に達します（2023年3月末）。国および地方自治体から開示されている、これまで以上に多様で詳細なオープンデータを民間が活用することで、地域の課題解決や生活の質を高める新たなサービスが生み出されることが期待されます。

国が推奨するオープンデータ（推奨データセット　基本編）

・AED設置箇所一覧	・観光施設一覧	・介護サービス事業所一覧
・文化財一覧	・地域・年齢別人口	・公衆トイレ一覧
・医療機関一覧	・公共施設一覧	・公衆無線LANアクセスポイント一覧
・指定緊急避難場所一覧	・イベント一覧	
・子育て施設一覧	・消防水利施設一覧	

出所：政府CIOポータル

63 オルタナティブデータ
Alternative Data

Key Point

・IoT や AI、機械学習、SNS 等の新しいテクノロジーやツールから得られるデータの総称
・オープンデータと組み合わせて価値ある情報の獲得や意思決定に活用

脚光を浴びるオルタナティブデータ

経営やマーケティングの意思決定に当たって、国や地方公共団体等が発表する公的な統計データ「オープンデータ」の活用と組み合わせて、「オルタナティブ（代替的）データ」の活用が進んでいます。

オルタナティブデータとは、これまで政府や企業が公開してきた、広く活用されてきた経済統計や財務情報といった**トラディショナルデータ**とは異なる新しいデータの総称であり、IoT や AI、機械学習、SNS 等の新しいテクノロジーやツールから得られるデータを指します。

コンピュータ性能やデジタル技術の進展によって、多様なデータも迅速に分析できるようになり、従来のトラディショナルデータでは見えなかったものが見えてくるようになりました。オルタナティブデータは公的に開示されているデータではなく、主にプロバイダ等から購入するデータになります。

企業のマーケティングにおいても、目的に応じてトラディショナルデータをはじめとするオープンデータとオルタナティブデータを組み合わせた分析を行うことによって、価値ある情報の獲得や重大な意思決定を行うことが可能になります。オルタナティブデータの具体例として、次のものが挙げられます。

① 個人によって生成される情報（SNS やブログ、投稿サイト上のテキストデータや携帯端末の利用ログ、Web サイトのトラフィックデータ等）

② ビジネスの取引過程で生成される情報（POS データやクレジットカード決済情報など）

③ センサー等によって取得、生成される情報（位置情報データや衛星画像データ、流動人口データなど）

補完性と速報性、網羅性に優れる

オルタナティブデータは、金融領域で機関投資家によって投資判断のために用いられるデータとして利用が広まりました。これまで利活用の進んでこなかった独自のオルタナティブデータを提供する事業者が2010年代以降に大幅に増加したことを背景に、金融情報に限らないさまざまなデータが投資の判断材料として活用される時代になりました。

オルタナティブデータは、近年は企業による社会情勢の把握や経営やマーケティングの意思決定において活用されるなど活躍の場が広がり始めています。

オルタナティブデータを活用する利点は、日本企業を対象としたアンケートを見ると、「既存データとの補完性」「速報性に優れる（情報の鮮度の高さ）」「網羅性に優れる（情報のカバレッジの広さ）」の３点が挙げられています。

従来のトラディショナルデータは、速報性や網羅性において課題がありました。オルタナティブデータは速報性に優れ、あらゆる分野の幅広いデータという特性から、消費者マインドや企業の競争力や収益性等、詳細な把握や分析を可能にします。世界で活用が進んでいるオルタナティブデータですが、日本ではレギュレーション、人材不足、コストといった点で課題が存在し、活用は道半ばであることが指摘されています。

オルタナティブデータとトラディショナルデータ

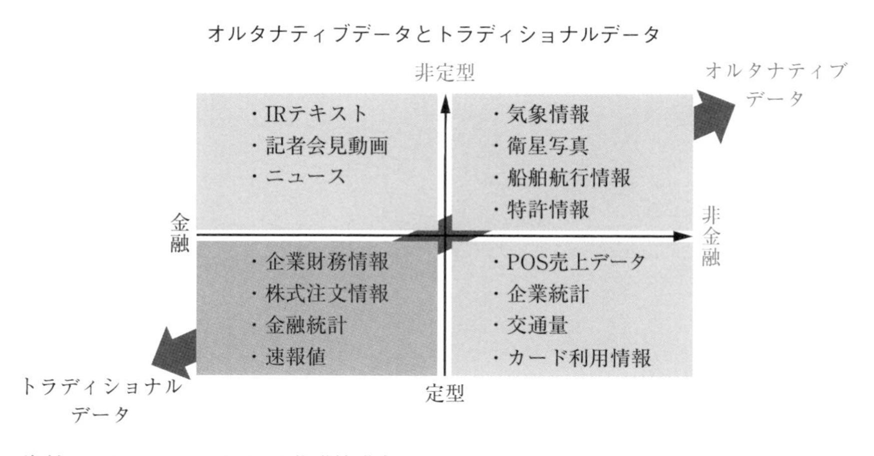

資料：オルタナティブデータ推進協議会 HP

第 5 章

デジタル経済・DX の構成要素

64 DX
Digital Transformation

Key Point

- AI や 5G、ロボティクスなど進化し続けるハイテク技術がビジネス環境や日常生活を大きく変革
- デジタル技術とデータを活用して従来の主力事業やビジネスモデルを刷新

ゲームチェンジが次々と生まれる DX 時代

日本企業で DX に取り組む企業がアメリカ企業並みに増加した場合、売上高が 70 兆円近く押し上げられる効果があると試算されています（総務省調査）。日本企業の DX への取り組みは待ったなしの状況ですが、実現するための人材育成・確保や予算などの課題を背景に、いまだ多くの企業が取り組めていないのが現状です。

この10年余りで、従来のリアル社会を前提とした常識を覆す、数々のデジタルの衝撃を目にしました。AI や 5G、ロボティクスなど進化し続けるハイテク技術がビジネス環境や日常生活を大きく変えています。こうした「DX（デジタルトランスフォーメーション）」の時代には、これまでの常識や競争のルールが過去のものになる**ゲームチェンジ**が次々と生まれます。

DX という言葉を初めて使用したのは、スウェーデンのウメオ大学のエリック・ストルターマン教授（当時）らと言われています。彼らは 2004 年の論文の中で、DX について「人々の生活のあらゆる面にデジタル技術が及ぼす影響や変化」と定義しました。このように、DX は「デジタル化」のみを意味する言葉ではなく、生活者や社会に「トランスフォーメーション（変革）」をもたらす概念です。

トランスフォーム（Transform）には、それまでの性質や状態が大きく様変わりする、変貌を遂げるという意味があります。あらゆる業界が急速に台頭するこうしたデジタルベースのビジネスによりトランスフォームに迫られています。トランスフォームすべき領域は多岐にわたります。デジタルの時代にふさわしい事業やビジネスモデルに加え、それを実現する組織、さらには業務改善などさまざまな側面が含まれます。

日本のDXは道半ば

デジタルをただ便利なITツールとして業務の効率化だけに使うのであれば、効果は限定的なものにとどまります。デジタル技術とデータを活用して「従来の主力事業やビジネスモデルを刷新」する点にDXの本質的な意義があります。さらに、業務や組織の運営方法、企業文化の改革までも含む概念です。まさに、デジタル時代における企業存続の鍵をDXが握っています。

巨大IT企業に富と情報が集中する弊害は看過できませんが、デジタル経済の覇権を握る企業が、デジタルを味方に付けながら将来を見据えて成長産業に布石を打つ姿勢には日本企業が学ぶべき点が多いです。これら企業は、ハイテク技術の開発と導入に積極的な投資を行ってきました。既存事業の深耕に注力し、こうした現実から長く目をそらしてきた日本企業のツケは重く、デジタル経済における存在感と競争力の差は歴然としています。

今日の多くの企業が経営目標としてDXの推進を掲げています。しかし、成功している日本企業はさほど多くないと言われます。日本には、デジタルに精通し、先を見据えた長期的思考からデジタルベースのビジョンを抱ける経営者はまだ多くはいません。DXは中長期的な戦略ですが、日本では短期的かつ部分的な業務のデジタル化の側面ばかりが強調されているきらいがあります。

急速に台頭するデジタルベースのビジネスは、旧来のビジネスや商慣習を無力化する破壊力を持ち合わせています。多くの日本企業が予測困難な経営環境に直面しています。従来型の発想では太刀打ちできない局面が表出しており、こうした傾向は今後さらに増大していくことが予想されます。

デジタルでの事業展開に消極的な姿勢をあらため、DX志向の企業文化を確立していかねばなりません。まさに、日本企業が世界のマーケットで生き残れるか否かの岐路に立っています。

DXの定義（経済産業省）

企業がビジネス環境の激しい変化に対応し、データとデジタル技術を活用して、顧客や社会のニーズを基に、製品やサービス、ビジネスモデルを変革するとともに、業務そのものや、組織、プロセス、企業文化・風土を変革し、競争上の優位性を確立すること

65 プラットフォーマー
Platformer

Key Point

・デジタルの世界で他社に代替されにくいポジションを築き、桁外れのデータを燃料に持続的に稼げるビジネスモデルを構築
・集めたデータを AI で分析し、需要予測や需給マッチングなどの価値に転換

桁外れのデータを燃料に成長

世界市場において、検索、スマホ、SNS、ネット通販の各領域で、**GAFA**（グーグル、アップル、メタ、アマゾン）の4社の競争力が突出していることは周知の通りです。4社に共通するのは、急速な環境変化の中で、他社に代替されにくいポジションを築き、持続的に稼げるビジネスモデルを先駆けて構築した点です。

米中のプラットフォーマーの第1の共通項は、桁外れのデータを燃料に成長を加速させている点です。そのデータとは、提供するサービス上におけるユーザー一人ひとりの取引を含む行動履歴データです。データが集まるほど、ユーザーの嗜好に対する予測の精度が高まり、魅力的なサービスが生み出されます。集めたデータは AI を用いて分析され、**需要予測**や**需給マッチング**などの価値に替えていきます。広告のあり方も大きく変えました。ユーザーが必要としている商品の広告を絶妙なタイミングで表示します。利用者と広告主両者の win-win の関係をこれまでの資本主義の常識を覆す方法で実現するのですから、多くの企業がプラットフォーマーに広告を出したがるのは自然の流れです。どちらも損をしない関係こそが利益を生むというビジネスや商いをデジタル上で実現しています。

以前から言われている言葉ですが、「データを制する者が世界を制する」ということが、あらためてデジタル経済圏を築いた米中プラットフォーマーの躍進から思い知らされます。一般的にビッグデータを獲得することで、社会や顧客の新たな問題を認識する力を向上させます。プラットフォーマーには桁外れのデータを収集・分析する力があるので、おそらくこれらの会社や経営者が見えている景色はほかと大きな違いがあるのだろうと推測されます。

積極果敢なビジネス開拓

デジタルプラットフォーマーの第2の共通項は、デジタルを味方にしたビジネス開拓に余念がない点です。盤石な顧客基盤に甘んじることなく、それを活かして積極果敢に新しいビジネス領域の開拓を進めます。

既存ビジネスにおいては他社に代替されにくいポジショニングを築き、持続的に稼げるビジネスモデルに磨きをかけながらも、新しいビジネスの種を常に蒔きます。そこでは、ネットの世界に限定せず、リアルの世界に進出する動きも昨今では見られます。「未来を予測する最良の方法は、未来を創ることだ」というパソコンの父、**アラン・ケイ**が残した言葉をまさに実行しているのが米中のプラットフォーマーです。経済の重要性が有形資産から無形資産へ移行する時代の流れを捉えながら、膨大な金額を研究開発投資に充てることに加え、国内外のスタートアップや有力企業の買収を重ねて従来にない発想やイノベーションに挑み、これまでとは異なる未来の価値を創造していきます。

自社のドメイン（事業領域）にとどまることなく、成長の機会を探し続けます。その結果、日本のお家芸と言える自動車分野にもGAFAや**BATH**（バイドゥ、アリババ、テンセント、ファーウェイ）の影が迫ってくるなど、市場を棲み分けできていた業界にも侵食してきたり、デジタルの各領域で支配的な立場を築いてきたプラットフォーマー同士が直接ぶつかり合う構図が生まれています。

そして、第3の共通項は、心に触れる良質な顧客体験を追求している点です。デジタル時代における企業の競争力の源泉は、顧客体験の質に移行しています。機能やデザインが優れた商品を提供するだけで売れる時代ではなくなりました。企業と顧客の接点が多様化しているデジタル社会では、さまざまな顧客接点において、心に触れる良質な「顧客体験」（6 参照）を提供することがきわめて重要になっています。

プラットフォーマーの共通点

①	桁外れのデータを燃料に成長
②	積極果敢なビジネス開拓
③	良質な顧客体験の追求

66 ネットワーク外部性
Network Externality

Key Point

・プラットフォームのユーザーが増えるほど参加者が得られる個別価値は向上
・ネットワーク外部性には「直接ネットワーク効果」と「間接ネットワーク効果」があり、これが巨大な顧客基盤を生み出す源泉

巨大な顧客基盤の源泉

人々の生活や社会に関連するあらゆるサービスを、自社の経済圏（プラットフォーム）上で提供するのがプラットフォーマー（65 参照）のビジネス形態です。ここでは、プラットフォーマーが展開するプラットフォームビジネスについて、巨大な顧客基盤を生み出すメカニズムを見ていきます。

プラットフォームビジネスとは、「買い手と売り手、利用者と提供者など相互依存する複数のグループを結び付け、相互に恩恵をもたらすビジネスモデル」と定義されます。プラットフォーム上には、プラットフォームを管理する企業とは別の事業者やユーザーなど、属性の異なる多様な利用者層が存在しています。プラットフォームを利用するユーザーが増えるにつれて、そこに集うユーザーが得られる利便性や満足感といった「個別価値」は高まります。これが「ネットワーク外部性（ネットワーク効果）」と呼ばれるプラットフォーマーの競争力の源泉です。使っている人が多いサービスや製品に魅力を感じるようになるのは、オンラインサービスに限らずiPhoneのような製品、さらに基軸通貨や決済システムなど社会資本でも同様です。iPhoneやドルの優位性を見るように、ネットワーク外部性で強固な地位を一度確立すると揺るぎない地位を与え、簡単にそれが脅かされる事態は生じません。

2つのネットワーク効果の相乗効果

ネットビジネスを展開するプラットフォーマーの多くが、入り口の段階ではお試し期間を設けるなど**フリー（無料）戦略**（67 参照）を採用します。初めて触れるサービスの利用障壁を取り除くことで、大量のトライアルユーザーを獲得します。ユーザーは、サービスを利用すればするほど得られる価値が大きくなるので、他のサービスに乗り換える**スイッチングコスト**が高まります。トラ

イアルユーザーを繋ぎ止める**ロックイン効果**が生まれるのです。ロックイン効果により顧客データや取引データがプラットフォーマーに蓄積され、さらに提供サービスの魅力が向上していきます。利用価値や満足度を高めるこの効果を**直接ネットワーク効果**と呼びます。

一方で、人が集まるほどそこにはメディアとしての価値が高まります。広告を出稿したい事業者と新しいサービスを利用させたい事業者が現れます。広告が増えればプラットフォームの機能やサービスの改善に充てられる資金が増え、入り口のフリー戦略も継続ないし強化することが可能になります。

さらに、人々が集まるプラットフォームに新しいサービスやコンテンツ、機能を提供したいという事業者が増加します。これにより、提供するサービスやコンテンツが多様化し、さらなる顧客を呼び込むことになります。このような広告主や事業者といったサードパーティーを呼び込む効果を**間接ネットワーク効果**と呼びます。

このように、ネットワーク効果を発揮することに成功したプラットフォーマーは、直接ネットワークと間接ネットワークの2つの効果が相乗作用で働いていきます。既存ユーザーの満足度をより高めるとともに新規ユーザーの関心を引き付けるような補完的な機能やサービスの提供によって、プラットフォーム自体の魅力を高めていくことができるのです。

ネットワーク効果のメカニズム

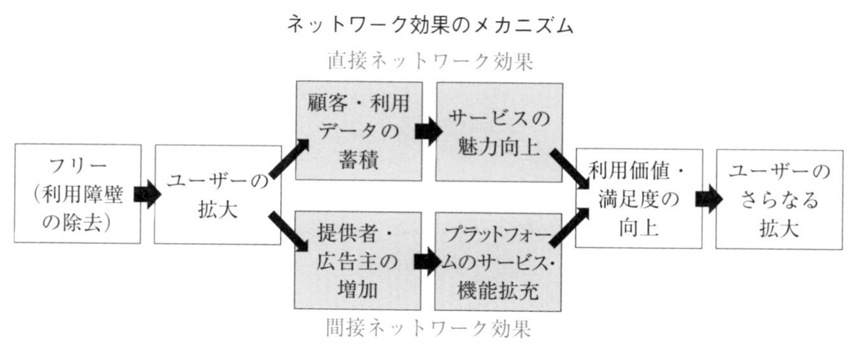

出所：宮下（2022）

67 フリー戦略
Free Strategy

Key Point

- 価格という障壁を取り除くフリー戦略は、デジタルサービスでネットワーク外部性を発揮する原動力
- ５％ルールで大多数の利用者に無料でサービスを提供するフリーミアムが中心

4つのビジネスモデル

デジタルを活用したサービスは、多くの**トライアルユーザー**を獲得するために、一定期間は無料で提供し、のちに有料プランへの切り替えを促すという戦略がよく用いられます。価格という障壁を取り除くことで新規ユーザーを獲得する「フリー戦略」は、ネットワーク外部性を発揮する原動力となります。

この10年ほどでインターネットの世界でフリー戦略が注目されるようになったのは、デジタルとフリー戦略の親和性が高いからです。デジタルコンテンツの多くは、**限界費用**（追加1単位の生産に必要な費用）が限りなくゼロに近いという特性を有しています。つまり、ほぼ完全な複製を追加的費用ゼロで行うことが可能になりました。たとえば、動画コンテンツを100人に配信するのも10万人に配信するのも、コストはほとんど変わらなくなりました。

従来の経済では「無料」と聞くと何らかの疑いを持つこともありましたが、デジタルの世界では当然のようにそれを信用して利用するという違いがあります。デジタル時代の技術の進歩によって、異なるタイプのフリー戦略が新たに生まれました。そこでのビジネスモデルは大きくは4種類に分けられます。

① **直接的内部相互補助**……特定の商品・サービスを販売するために、他の商品・サービスを無料にするフリー戦略

② **三者間市場**……ラジオやテレビ番組のように、提供者と利用者の二者は無料だが、第三者（ここでは広告主）が費用を支払うフリー戦略

③ **フリーミアム**……大多数の利用者に無料でサービスを提供し、一部のユーザーが有料版を利用することで収益を出すフリー戦略

④ **非貨幣市場**……どこからも対価を得ることなく、非営利な事業によって評判や注目を獲得するフリー戦略

ハイブリッド化するフリー戦略

デジタルのビジネスでは、**5％ルール**という言葉があります。これは、企業が提供するサービスを大多数（95％）の人が無料で利用しても、ごく一部（5％）の人が有料でハイスペックなサービスを利用することによってビジネスは成立するという内容を意味します。上記③フリーミアムと呼ばれるビジネスモデルで5％ルールが機能します。

今日のデジタルサービスの新たなフリー戦略として、上記②三者間市場と③フリーミアムのハイブリッドを採用するケースが増えています。YouTubeやスポティファイなどでは、広告費と月額課金の2つを収入源としています。すなわち、無料会員には三者間市場で広告を配信することでサービスを無料で提供し、有料会員には広告の視聴をなくしたり、よりハイスペックな機能やサービスを提供します。これらは、以下の2つのフリー戦略を同時に実現したサービスです。

① 広告を配信し、基本機能を利用する無料ユーザーのすそ野拡大（三者間市場）

② ハイスペックなプレミアム機能を利用する有料ユーザーから収益（フリーミアム）

さまざまな創意工夫のもとで、これからも新たな無料のビジネスモデルが誕生していくでしょう。

フリーミアム戦略の特徴

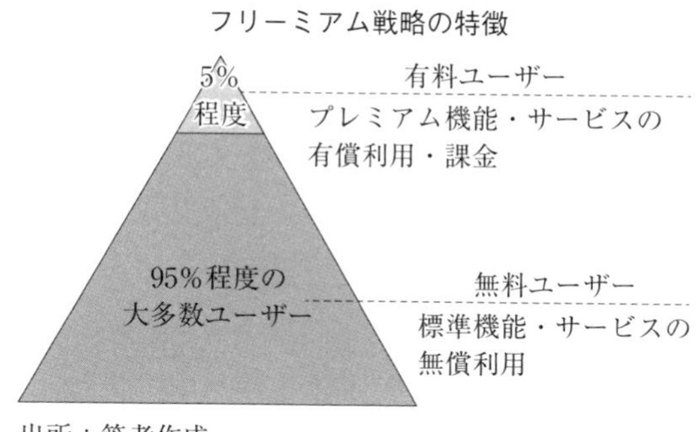

出所：筆者作成

AI
Artificial Intelligence

Key Point

・機械学習が大量のデータを学習し、データに潜んでいるパターンや法則を発見
・需要予測やパーソナライゼーション、プロモーションを筆頭に、AIを活用することでマーケティングは効率性や精度を飛躍的に向上

AIが実現する新しい顧客体験

AIが人間の知能やスキルと比較（対決）されることがさまざまな分野で行われてきました。1997年には、チェスの元世界チャンピオンをAIが打ち負かしたことが世界中に衝撃をもって伝えられました。その後、あらゆる分野でAIと人間の真剣勝負が繰り広げられてきました。直近の2023年7月には、AIロボットとバスケットボールの世界的なコーチがバスケットボールのシュート対決をし、話題になりました。

AIは、その名が示す通り、人間の知能（思考や判断や学習など）をコンピュータを用いて再現する技術を指します。AIが人間の知能を上回る**シンギュラリティ**に多くの注目が集まっています。

AIを支える技術の一つとして**機械学習**（ML：Machine Learning）があります。機械学習は、機械（コンピュータ）が大量のデータを学習（インプット）することで、データに潜んでいるパターンや法則、ルールを発見し、それをさまざまな事象に利用して認識や判断、そして将来予測を可能にする技術です。

機械学習の一種である**深層学習**（Deep Learning）によって、大量のデータに対して人の手を介さず自動的に「特徴量（AIが膨大な量のデータ処理を行うために最適化した変数）」を抽出・選択できるようになったことで、機械学習は大きく進化し、その利用用途は拡大しました。

マーケティング領域で広がるAIの活用

このように深層学習の進展に伴い、さまざまな領域でAIの活用が進みました。今や医療や交通、教育など社会全体に浸透し、活用が進んでいます。マーケティング分野においても例外ではありません。データ分析や需要予測、さらにはダイナミックプライシング（価格変動制、15 参照）やパーソナライゼーションを筆頭に、AIを活用することで効率性や精度を飛躍的に向上させました。これ以外にもプロモーション分野では、投資対効果を予測したプロモーションミックスを最適化するAI、**メディアバイイング**（各媒体への広告予算の配分）を最適化するAI、キャッチコピーやバナー広告など広告表現を自動で生成するAI、広告配信効果を予測するAIなど多方面な領域で実用段階に入っています。

消費者に身近で馴染みのあるAIは、レコメンドでしょう。たとえば、ECサイトを閲覧していると、運営企業が扱う膨大な商品やサービスの中から、閲覧者の好みや嗜好に合致したおすすめが表示されます。自分から好みの商品を探しに行かなくとも、自動的に好みや嗜好に合った商品やコンテンツが提案される利便性は大きな技術革新です。

AIは顧客一人ひとりの購買実績や閲覧履歴、さらには検索履歴に応じたおすすめ商品の割り出しを瞬時に行い、それぞれの顧客に最適な提案を行っているのです。

今や多くの企業がレコメンドを導入していますが、その精度はさまざまです。真のパーソナライゼーションを実現する**強化学習**（Reinforcement Learning）のアルゴリズムを用いた企業は、競合企業をしのぐ成果を上げています。

EC企業に限らず、リアル店舗を有する企業でもAIを活用したビジネス革新に取り組む企業が増加しています。たとえば、カートに入れた品物の情報から、関連して購買されやすい商品を瞬時に提案する取り組みも行われています。

あらゆる業界でAIを適用する大きな余地があります。これへの投資に積極的な企業には、マーケティングの革新とビジネス上の問題解決において大きなチャンスがあります。

AIと機械学習

AI	人間の思考プロセスと同じような形で動作するプログラム全般
機械学習	AIのうち、人間の「学習」に相当する仕組みをコンピュータ等で実現するもの。入力されたデータからパターン／ルールを発見して、新たなデータに関する識別や予測等が可能
深層学習	機械学習のうち、多くの層からなるニューラルネットワークを用いるもの
強化学習	機械学習のうち、システム自身が繰り返しの学習によって適切な制御方法を実現していくもの

出所：総務省HP（2019）を一部修正

IoT・CPS
Internet of Things / Cyber Physical System

Key Point

・これまでネットに繋がっていなかったモノがセンサーやカメラを通して繋がることで､各種データの取得や活用が可能になり生産効率や運用効率が飛躍的に向上
・ビジネス課題や社会課題を解決する手段としてさまざまな業界・産業で導入

IoT が実現する新しい顧客体験

ビッグデータを生み出している大きな要因として、IoT（Internet of Things）の進化が挙げられます。IoT は、「モノのインターネット」と訳されます。自動車や家電、医療機器、工場や建設の設備・装置などあらゆるモノがインターネットを通じてサーバーやクラウドに接続されることになりました。

これまでインターネットに繋がっていなかったモノにセンサーやカメラなどを搭載してインターネットに接続することで、各種データをやり取りすることができるようになりました。IoT が活躍する領域は広く、身近なところでは外出先の離れたところからエアコンや照明、お風呂のお湯はりなどの操作で活用されています。電気ポットに無線通信機を内蔵して、高齢者のポットの使用状況を離れて暮らす家族が把握することができるのも IoT 活用例の一つです。

IoT によって、これまでの「モノ売りビジネス」から付加価値の高いサービスを組み合わせた**コト（体験）売りビジネス**へと変容させることが可能になったのです。従来にはない新しい発想による製品やサービスの登場により、新しい顧客体験を生み出しています。

これらの家電のように、IoT は離れているモノを操作したり、離れている人やモノの状況を確認することに加え、モノの動きを検知したり、モノ同士でデータのやり取りを行うことを可能にします。

あらゆるビジネス課題・社会課題の解決に

製造業やエネルギー、建設業や農業などの資本集約型の産業では、あらゆる機器にデータを生成するセンサーやカメラを搭載し、個々のデータを収集・分析することで生産効率や運用効率等を飛躍的に向上させています。故障や劣化を検知して異常や摩耗を事前に把握する予知保全や生産・運用状況を把握した現場業務の改善や高度化が行われています。

このようにIoTはビジネス課題を解決する手段として、さらには社会課題を解決する手段として大いに期待され、多くの業界・産業で導入されています。IoTと類似した概念に**CPS（サイバーフィジカルシステム）**があります。これは、実世界（フィジカル空間）の情報を取得して、それをサイバー空間で解析（情報処理）してその結果を実世界にフィードバックするシステムを指します。

CPSが用いられている代表事例が車の**自動運転**です。事故を削減し、交通死傷者ゼロの安全なモビリティ社会の実現に向けて、各社がCPSを用いた自動運転の実装を行っています。カメラやレーダーなどのセンサーにより、自動車の走行情報や位置情報に関するデータは随時クラウドに転送されます。クラウドへ転送されたデータはビッグデータ（53参照）として蓄積され、その情報はAIが分析して自動車に最適な運転指示を与えることで自動運転が実現されます。自動運転のように、リアルタイム性を要求される場合は、5G（75参照）を利用しても性能的に限界があります。そこで、遠隔地にあるクラウドではなく、センサー側にあるハードウェアでAI処理しようという**エッジAIチップ**が登場しています。物理的に小さく、比較的安価で、消費電力と発熱がはるかに少ないという特性があり、エッジAIチップをスマホやロボットなどの機器に組み込むことができます。これにより、企業は膨大な量のデータをクラウドに送信する際のコストやセキュリティ上の課題の解決が期待されます。

IoT・CPSの流れ

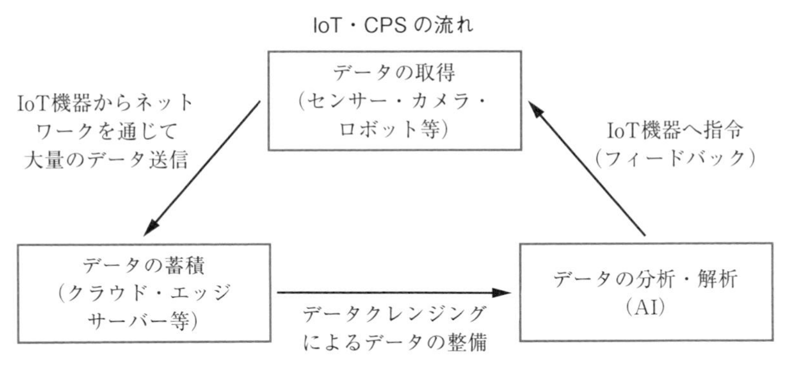

出所：筆者作成

70 キャッシュレス決済
Cashless Payment

Key Point

・フィンテックの成長基盤として期待されるスマホ決済が世界的に普及
・中国ではエンベデッドファイナンスにより、スマホ決済を通したビッグデータを利用し、利用者の属性や嗜好に合ったより質の高いサービスの提供を実現

世界で進むキャッシュレス決済

キャッシュレスとは、一般的に現金（紙幣や硬貨）を使わない支払いを指します。現金の代わりにクレジットカードやデビットカード、電子マネーやスマホ決済などがあります。キャッシュレス決済は、「財布から現金を取り出し、お釣りをもらって、それを紙幣と硬貨に分けてからしまう……」という一連の作業が不要であり、支払いの手軽さに優れています。

日本ではキャッシュレス決済はクレジットカードや交通系ICカード、さらにデビットカードやQRコード、タッチ決済と種類も提供企業も入り乱れ、競争が激化しています。「現金大国」と呼ばれた日本のキャッシュレス化は増加傾向にありますが、その比率はいまだ3割程度（2022年）、8～9割の中国や韓国、6～7割のアメリカ、イギリス、フランスを大きく下回ります。

フィンテック（金融サービスとIT技術を組み合わせたサービス）の成長基盤として期待されるスマホ決済の市場は、日本でも急拡大していますが、サービス提供企業の収益状況は思わしくありません。加盟店舗数と利用者数で首位のPayPayですら最終赤字が続き、2021年10月より加盟店の決済手数料を有料に切り替えることで収益確保に舵を切りました。

キャッシュレス決済とデジタル経済の相性

日本では2017年がキャッシュレス元年と呼ばれ、スマホによるモバイル決済が普及し始めました。スマホ決済はQRコードを読み込んだり、スマホをかざすだけで決済でき、ポイント還元が受けられたり、個人間送金ができるなど多くのメリットがあり、今や社会インフラとして定着しました。

中国では、2010年代後半にスマホを起点としたさまざまな消費が広がりを見せ、若者からお年寄りまで、大型店舗から街の屋台まで広くキャッシュレス化

が進展しました。

中国企業は、日本企業が開発したQRコードに目を付け、日常のあらゆる買い物においてスマホでQRコードを読み込んで決済できるシステムを構築しました。クレジットカード等、従来の決済サービスに比べて店舗側の導入負担がきわめて小さいことで、瞬く間に中国の日常の決済手段として定着しました。

中国のアリババとテンセントが提供する決済サービスは、スマホユーザーの誰もがアプリとして使用しており、このような統一した仕様によってデータ流通が活発になります。ビッグデータを利用できるようになるので、利用者の属性や嗜好に合ったより質の高いサービスの提供が可能になるのです。これが、中国のデジタル経済の成長を支える原動力になっています。

中国はこのスマホ決済の成功により、**リープフロッグ（カエル跳び）**の成長を実現しました。前世紀の中国では、VISAやMastercardなど国際的なクレジットカードが使用できませんでした。今世紀に入り銀聯（ぎんれん）カードが普及し、キャッシュレス決済ができるようになりましたが、QRコードによるキャッシュレス決済の利便性や経済性が優れていたことから、一気に普及しました。

中国のデジタル経済を支えるこのアリババとテンセントは、金融事業者以外が自らのサービスに金融機能を盛り込む**エンベデッドファイナンス**（Embedded Finance：組み込み型金融）を世界に先駆けて展開し、非金融事業者にとっての新たな収益源の可能性を示しました。中国のスマホ決済の成功を見て、世界のデジタル経済のプレイヤーたちは続々とフィンテック分野に参入しています。

スマホ決済のフロー

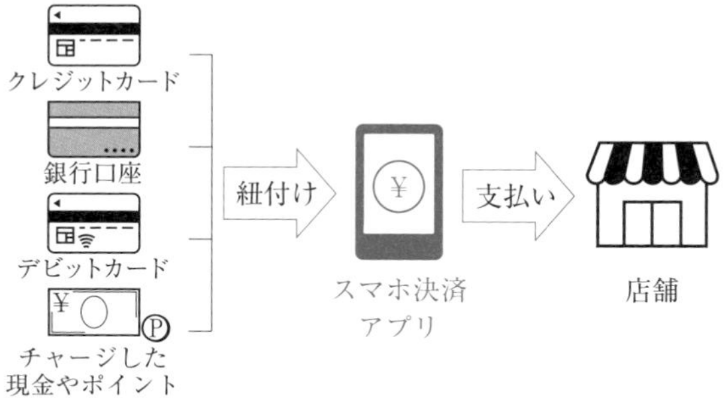

クレジットカード
銀行口座
デビットカード
チャージした現金やポイント
紐付け
スマホ決済アプリ
支払い
店舗

資料：三井住友カードHP

71 ロボティクス
Robotics

Key Point

- AI を搭載して一部の非定型業務を自動化するロボティクスが活躍
- 深刻化する人手不足の解消や過重労働からの解放、さらには生産性向上に向けて各産業から社会インフラまで幅広い分野で社会課題を解決する切り札として期待

社会と暮らしをアップデートするロボティクス

少子高齢化や生産人口の大幅減を背景に、日本ではあらゆる業界で人手不足が常態化しています。従業員の確保に苦心している事業主が多いのが現状です。人手不足に陥れば、製造業では生産ラインを維持できず、サービス業では顧客に満足のいくサービスは提供しにくくなります。ここ数年、労働力の不足による営業時間短縮や倒産のニュースが後を絶ちません。

深刻化する人手不足の解消や過重労働からの解放、さらには生産性向上に向けて期待されているのがロボティクスです。ロボティクスとは、ロボットの設計・製造・制御・運用などを対象とした工学の一分野、**ロボット工学**を指します。これは、「ロボットのフレームや機構を設計する機械工学、ロボットに組み込んだモータを動かすための電気回路を制作する電気電子工学、ロボットを制御するプログラムを作成する情報工学に関する研究を総合的に行う学問」（キーエンス HP）です。

ロボティクスは、製造業の生産現場や物流の現場ですでに活躍していますが、今後は、医療・介護、小売、物流、農業、そして社会インフラまで幅広い分野で社会課題を解決する切り札として開発と導入が期待されています。

これまでのロボットは、決められた動作を忠実に繰り返す作業において力を発揮してきました。ルール化された単純作業や定型業務において、作業効率を高め、ヒューマンエラーをなくすことが可能になりましたが、事前にプログラミングされた動作を繰り返し、自分で判断することはできませんでした。

今日注目されるロボットは、AI を搭載することで一部の非定型業務を自動化することを可能にするものです。画像認識技術の発展によって、ロボットに備わっているカメラから大量のデータを認識したり、IoT によるインターネッ

トに繋がった各種センサーからデータを収集して、それを処理して動作することが可能になりました。

この10年余り、AIとロボティクス技術の進歩は著しく、日々研究されて新しいロボットが誕生しています。

オフィスワークを刷新するロボティクス

ロボティクスで注目されている分野が**RPA（ロボティック・プロセス・オートメーション）**です。RPAとは、「これまでの人間のみが対応可能と想定されていた作業、もしくはより高度な作業を人間に代わって実施できるルールエンジンやAI、機械学習等を含む認知技術を活用した新しい労働力を創出する仕組み（Digital Labor）」（日本RPA協会HP）と定義されています。

このように、これまで人がパソコン上で行ってきた各種ソフトやアプリケーションの操作をRPAで代行することで、オフィスワークも様変わりするでしょう。

ロボットの社会実装を加速すべく、経済産業省では、「施設管理」「食品」「小売」「物流倉庫」の重点4分野に、2019年に設置した「ロボット実装モデル構築推進タスクフォース（TF）（サービス業と製造業からなるユーザー企業とシステムインテグレーター企業らが参加）」での検討や予算事業等を通じた支援措置を進めています。

進化を続けるロボットは、社会や産業の課題を解決し、私たちの暮らしをより安心、豊かにする大きな可能性を秘めています。

経済産業省のロボットの社会実装を促進する事業における重点4分野

分野	研究開発の内容
施設管理分野	搬送・清掃・警備などの機能を持つロボットがオフィスビル等の施設内での円滑な活動に向けた研究開発
食品分野	惣菜製造分野における盛付ロボットシステムの多品種対応や高速化、量産化を念頭に置いた研究開発
小売分野	ロボットによる商品棚における欠品検知や在庫管理、商品把持と自動陳列の実現化に向けた研究開発
物流倉庫分野	物流施設において自動化機器を最大活用するため、自動化機器の導入・稼働しやすい環境の整備に向けた研究開発

出所：経済産業省ニュースリリース（2022年10月5日）

72 VR
Virtual Reality

Key Point

・現実には存在しない別の世界を仮想空間上に作り出し、疑似的体験を作り出す
・企業の広告やマーケティング活動のあり方にも大きな影響を与え、高い没入感の中で製品と接触することで、深い次元での製品理解を実現

身近になったVR

VRを活用した新たなサービスがあらゆる業界で続々と生まれています。今日注目されているメタバースの基礎技術であるVRは、ユーザーに新しい顧客体験を提供するとともに、新しい経済活動の機会を提供します。

VRは**仮想現実**と訳され、CG（コンピュータグラフィック）などを駆使して現実には存在しない別の世界を仮想空間上に作り出し、あたかも本物のような疑似的体験を作り出す技術を指します。一般的には、ヘッドマウントディスプレイ(HMD)を頭部に装着することで、目の前に3次元の巨大なスクリーンが映し出され、頭部の動きをセンサーで読み取ることで360度の映像世界で立体感のある映像を楽しむことができます。

2016年がVR元年と呼ばれます。これは、ソニーの「PlayStation VR」やメタ（当時のFacebook）が買収した米オキュラスの「Oculus Rift」、そして台湾のHTCによる「HTC VIVE」などのVR用機器が一般発売された年に当たります。

これまでは、テーマパークのアトラクションや映画館などで3次元を体験できましたが、これら商品が発売されたことや全国にVR体験施設がオープンしたことにより一般の消費者にとっても身近な存在になりました。

目下、VRの市場には、欧米、中国等のスタートアップが次々と参入しています。メタのみならず、グーグルやマイクロソフト、アップルなどの巨大IT企業もVR事業に布石を打っており、研究開発や買収活動を活発化しています。

VRが切り拓く新たな世界

VRはゲームコンテンツのイメージが強く、実際にゲームや映画などエンターテイメント分野が市場を牽引してきました。

2次元の平面画像に比べ、3次元の立体映像になったことで、はるかに多くの

情報をユーザーに与えることができ、その用途の可能性を格段に広げています。さらに、VRでは現実世界に存在するさまざまな物理的制約がないことから、実空間でできないさまざまなことを試みることができます。

たとえば、現実世界では失敗することができない専門技能のトレーニングやシミュレーションを行うにもVRは優れています。VRでのシミュレーションを通して、実際の製造過程や手術、建設、作業現場等に潜む危険や起こり得る事故やトラブルなどを洗い出す**危険予知**の面でも効果を発揮します。

またVRは、企業の広告や販売活動のあり方にも大きな影響を与えることが十分に想定されます。実物の製品がなくても、高い没入感の中で製品と接触することで、深い次元での製品理解に繋がります。購入するかどうかの判断もしやすくなり、消費者の意思決定においてVRの影響力が大きくなる可能性があります。表に、それぞれの領域でのVRの活用について整理します。

VRを活用する業界例

業界	展開例
製造	・製造現場の作業支援 ・製品デザイン・設計／試作品作成支援 ・設備点検・保全支援　など
建設	・建築物の設計支援 ・施工シミュレーション ・内装の設計・デザイン　など
医療	・手術支援やシミュレーション ・新たな施術や検査、治療法の確立 ・実践に近い研修や技術の伝承　など
不動産	・住宅内見 ・家具配置のシミュレーション
小売	・VRショッピング／VR上に店舗の出店 ・企業・ブランドのプロモーション ・販売の研修・シミュレーション　など
観光	・バーチャルツアー ・観光イベントや展示会　など
スポーツ	・VRスポーツ観戦 ・スポーツトレーニング　など
教育	・防災教育／防災シミュレーション ・安全教育／危険をVR体験 ・技能訓練　など

73 AR
Augmented Reality

Key Point

- 実際に目の前にある現実の空間にデジタルで作成された画像や映像を重ね合わせることで、視覚的に現実世界を拡張する技術
- AR グラス（スマートグラス）がポストスマホとして市場拡大が期待

AR が実現する新たな顧客体験

新型コロナウイルス感染拡大の影響で、世界中の美術館や博物館が閉館しました。こうした中、遠隔でアート作品に触れられる体験として、米スタートアップがリリースしたサービスが注目されました。iPhone アプリから作品を選択し、自宅などの壁をスキャンすると壁の上に有名絵画が浮かび上がります。AR を用いて名画を鑑賞できるアプリということで、「[AR] T Museum」という名称です。

このサービスを可能にするのが AR です。AR は**拡張現実**と訳され、このサービスでいう自宅の壁のように、実際に目の前にある現実の空間にデジタルで作成された画像や映像を重ね合わせることで、視覚的に現実世界を拡張する技術を指します。

AR の存在と魅力を一躍有名にしたのが、スマホ向けゲーム「**ポケモン GO**」です。AR の開発で世界をリードする米**ナイアンティック**と株式会社ポケモンが共同開発し、日本では 2016 年にリリースされ瞬く間に社会現象になるほどの盛り上がりを見せました。同ゲームは、スマホの位置情報を利用することにより、現実世界そのものを舞台としてプレイするゲームであり、その新しい顧客体験にユーザーは熱狂しました。

ナイアンティックは、「Adventures on Foot（歩いて冒険しよう）」の企業ミッションのもと、人を外に連れ出し、人と人を繋げるために位置情報技術と AR 技術を組み合わせた現実世界を魅力的にするサービスを次々にリリースしています。

AR グラスが拓く新たな可能性

眼鏡に AR 機能を搭載した **AR グラス（スマートグラス）**が注目されています。AR グラスは現実世界の中に、CG などの技術を用いて、文字や画像、映像などを表示することができます。顔に装着する AR デバイスで、より現実と AR が融合した世界を体感できるという特徴があります。VR が屋内の利用に限定されることに対して、AR グラスは屋内屋外問わず利用できる利点があります。

日本で AR グラスが注目されたのが能楽鑑賞のガイダンスシステムに利用されたケースです。能楽などの日本の古典芸能は、現代の言葉と異なる言い回しが多く、台詞の意味や物語の内容を理解するのが困難だという課題がありました。このような課題に対し、能楽に合わせて台詞の意味や物語の内容の解説を AR グラスのレンズに表示することによって、現実世界の能楽を見ながら理解を深められるという新しい顧客体験を実現しました。

その後、さまざまな用途で AR グラスは開発され、**ポストスマホ**としての成長産業という期待も大きく、アメリカの IT 大手と中国企業との開発競争が激化しています。中国の北京亮亮視野科技（LLVision Technology）は、聴覚障害の人向けの AR グラスを作成し、テキストを目の前に直接提示することで対面と同じくらい自然なコミュニケーションを可能にしています。

AR 技術は広告にも新しい可能性をもたらしています。AR を活用した新聞広告では、広告に関連した映像や音楽などの豊富なコンテンツを表現することができ、印刷広告の新しい可能性を切り拓いています。

AR を活用した広告

出所：日経Marketing Portal HP

74 MR
Mixed Reality

Key Point

- MR は現実世界と仮想世界がシームレスに融合することで、臨場感溢れる映像体験を実現し、さまざまなビジネスシーンで活用される
- 顕在化する課題解決と新しい顧客体験を同時に実現する技術として注目される

シームレスな現実世界と仮想世界の融合

これまではスマホやPCの画面越しで鑑賞していたデジタルコンテンツが、現実の視界そのものに現れる体験ができるようになりました。それを実現したのがMRであり、MRは**複合現実**と訳され、VR（仮想現実）、AR（拡張現実）に次ぐ新しい映像技術としてその可能性が期待されています。

MRでは、ヘッドマウントディスプレイや専用の眼鏡を装着することで、現実世界の中にコンピュータで作られた立体的な映像（3D ホログラム）が、実際に目の前にあるかのように表示されます。

73 で見たARと似ていますが、現実世界と仮想世界の比率が大きく異なります。ARの場合、現実世界の比率が高く、その一部にコンピュータで作られた情報が追加されるのが一般的です。これに対して、MRは複合現実の名の通り、現実世界と仮想世界がまさに融合された世界を特徴とします。その両者がシームレスに融合することで臨場感溢れる映像体験を可能にしています。MRで表示される複合現実の映像は、大きくは以下の特徴があります。

① 実寸大で目の前に表示させることができる
② 360度どんな角度からも見ることができる
③ 直接、触れることができる
④ 動かしたり操作することができる
⑤ 回転や拡大・縮小することができる

触覚の再現ができる技術も進化しており、「視覚×触覚」をはじめとした五感が相互作用する**クロスモーダル**を活用した体験が生まれ始めています。

多様な商品体験機能を提供

このように、多くの特徴を有するMRは、さまざまなビジネスシーンで適用されることが期待されています。先行するのが、ものづくりの現場です。商品や試作品、部品等をその場にあるように実寸大で3Dで表示可能なため、リアリティのある検証作業が可能になります。自動車の修理・点検業務でも用いられています。建設業界では、実際の街並みの中に建物の完成後の姿を映し出すことで、各種シミュレーションや商談等での活用が見込まれています。

販売やマーケティングの分野でも新たな可能性が生じています。たとえば、ショールームなどでの活用が有望視されています。自動車販売店を例にすれば、これまでのショールームではスペースに限りがあるため、実際に展示することができる車種・カラーは限られてきました。それが、MRを活用することでさまざまなモデルがあたかもショールームに実在しているかのような体験ができ、スタイルやカラーバリエーション、オプションの組み合わせなどを提案することが可能になります。

MRを活用した事例として**ニトリ**の法人向けショールームが話題になりました。ショールームではウェアラブルヘッドセットでシステムキッチンを現実空間に映し出し、実際に眺めるだけでなく、パーツ別に好きな色を選択できたり、引き出しの開閉ができたりなどの疑似体験を可能にしました。

エンターテイメントやスポーツでの展開も大いに期待されています。顕在化する課題解決と新しい顧客体験を同時に実現する技術として、これからの発展が期待されます。

MRによる新たな顧客体験（ニトリの法人向けショールーム）

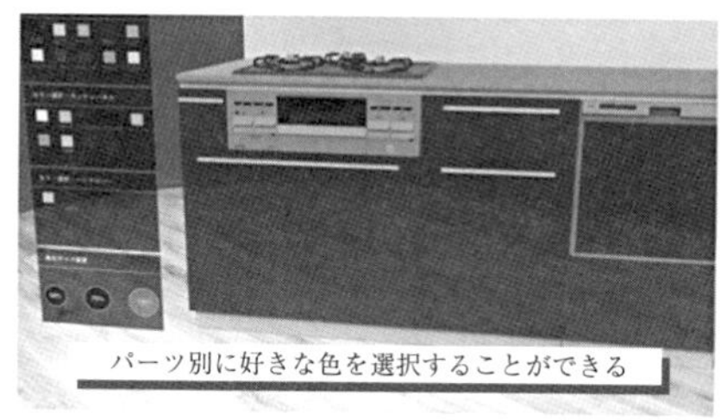

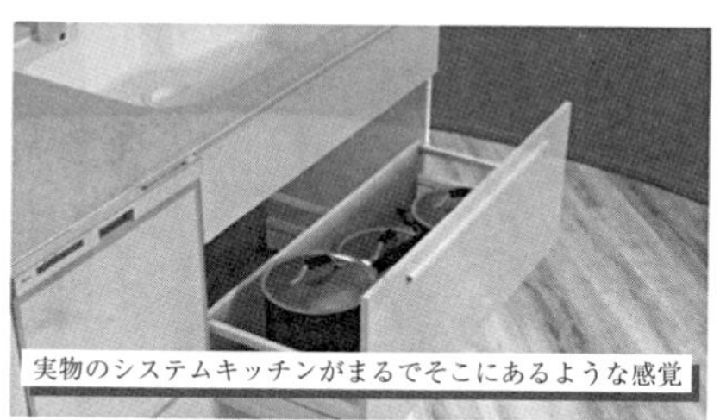

出所：ニトリホールディングスニュースリリース（2021年3月3日）

5G
5th Generation

Key Point

- 第５世代の通信方式「5G」は初代と比べて100万倍の速度
- 現代社会が直面するさまざまな社会課題の解決に5Gを適用し、暮らしや産業、医療、災害対応等、幅広い分野での活用が期待

初代と比べて100万倍の速度

5Gが急速に社会のインフラになってきました。5Gとは、移動通信システムの第5世代のことです。「5th Generation」を略して5Gと呼び、日本語の正式名は「第5世代移動通信システム」です。

移動通信システムの歴史は、約10年の周期で世代交代がされています。日本では、1979年に第1世代となるサービスが開始されました。第1世代（1G）はアナログ方式で主に音声通話でした。この年、日本電信電話公社（現NTT）により、世界で初めて自動車電話サービスが誕生し、移動電話の主要サービスが幕を開けました。1985年には肩掛け型のショルダーホンが登場し、さらに小型・軽量化した携帯電話が1991年に登場しました。

1990年代に入ると、2Gとしてデジタル方式によるサービスが開始されました（1993年）。音声に加え、メールなどのテキストデータの通信サービスが開始され、携帯電話向けインターネット接続サービスが提供されました。

2001年から3Gが登場し、高速データ通信が可能になりました。携帯電話端末はカメラを搭載したタイプや電子メールで撮影した画像を送信できる機能など多機能化が進展しました。

2010年代は4Gの商用利用が始まりました。アップルによるiPhoneの発売（2007年）をきっかけにスマホ時代を迎え、3Gよりも高速化と広域化を実現しました。通信はさらに高速大容量化し、各デバイスで動画サービスが普及しました。1Gから4Gまでの30年間で最大通信速度は約10万倍にまで向上しています（「令和2年版　情報通信白書」）。そして満を持して登場した5Gは、初代に比べて100万倍の速度を有します。

5G が切り拓く新たなビジネス

5G の主たる特徴は、①超高速通信（4G の 10 倍以上の速度）、②超低遅延（4G の 10 分の 1 程度の遅延）、③多数同時接続（4G の 10 倍程度の同時接続）です。

5G が今までの移動通信システムと大きく異なるのは、その主役がスマホなどの個人ユースに限らず、あらゆる産業・事業においてその恩恵を受けられる点です。これまでは、コミュニケーションやエンターテイメント、ショッピングなど「ヒト」に対するサービスが中心であったのが、IoT に見るようにあらゆる「モノ」もその対象となります。

家電製品や自動車など耐久消費財から、工作機械、建設機械などの産業財までがネットに繋がることで **IoT デバイス**に生まれ変わります。これにより、機械や装置を遠隔地から操作する遠隔制御など、リアルタイムで高精度な制御情報をやり取りする新しいサービスやビジネスが生まれています。自動車の**自動運転**や**遠隔治療**は、タイムラグ（時間差）が命取りになります。5G の超低遅延などの特性を活かして、これらを推し進める取り組みが始まっています。

現代社会が直面するさまざまな社会課題の解決に 5G を適用し、暮らしや産業、医療、災害対応等、幅広い分野での活用が期待されています。5G と IoT、AI、ビッグデータなどを繋ぎ合わせることによって、各種の社会課題の解決や新しいビジネスが生み出されていくでしょう。

移動通信システムの変遷

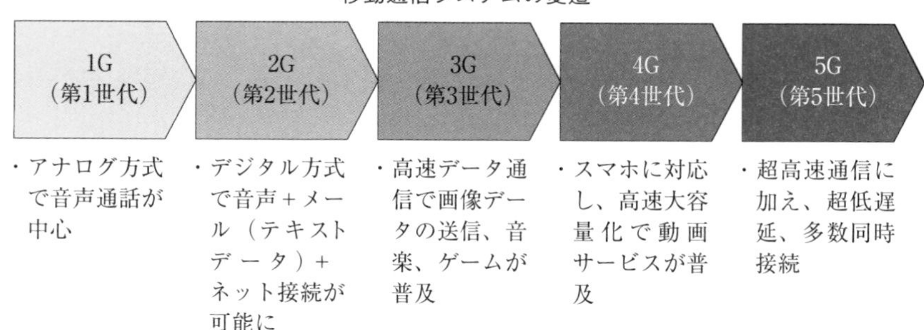

76 デジタルシフト
Digital Shift

Key Point

- 企業活動や消費活動も主戦場をデジタルへ移行し、これまでの経済や社会の常識はアップデートされ、旧来型の多くのビジネスは陳腐化・無力化
- 「テスト・アンド・ラーン」を高速回転してよりよい顧客体験の創造が鍵

デジタルディスラプターが変えるビジネスのルールと慣習

イギリスで最初の産業革命が起こったのが今からおよそ250年前。産業革命以降、資本主義経済の発展の中で、多くの国が経済成長を目標に掲げ、モノを効率よく大量に作り、経済を成長させてきました。いわゆる「物質的な豊かさ」を求める時代が長く続きました。

近年のデジタル技術の発展とインターネットの利用拡充は、これまでの経済や社会の常識を覆してきました。経済の重要性が有形資産から無形資産へ移行するという考えは、ポスト工業社会の文脈でこれまで多くの識者が論じてきましたが、インターネットの商用利用が解禁された1990年代以降、その流れが加速しました。経済の非物質的なものへの依存は急速に高まり、その後のスマホの世界的普及をターニングポイントに経済のデジタル化は急速に加速しました。

企業活動や消費活動も主戦場をデジタルへと移行させ、スマホのアプリ一つであらゆるサービスを受けられる時代になりました。これまでの経済で重要視されてきた有形資産から、無形資産へと重点が移り、その質も大幅に向上しました。この巨大なパラダイムシフトは、過去の成功パターンとは非連続的な成長の道筋や、新たな競争軸を生み出しています。

結果として、2010年代以降、人類社会には多くのデジタルディスラプション（デジタル技術による創造的破壊）が起きました。20世紀型の社会や産業はあらゆる領域で急速にアップデートされ、旧来型の多くのビジネスが陳腐化・無力化しました。最新のデジタル技術やAI技術を巧みに利用し、新しい市場を切り拓いていく**デジタルディスラプター**の登場により、ビジネスのルールや慣習、そして日常生活も大きく様変わりしたのです。

テスト・アンド・ラーンの高速回転による顧客体験の改善

今日のデジタル経済で主導権を握るグローバル企業の多くは、1990年代に生まれた企業です。不運なことに、この時期の日本はバブル経済崩壊の後処理に追われ、日本企業は変わりゆく産業構造への対応に真正面から取り組む余裕がありませんでした。結果として、デジタル経済への移行や脱・ものづくりの必要性を認識しつつも、ITやデジタルに主導される産業構造の変換という大きな流れに完全に乗り遅れる形になってしまったのです。この時期のIT投資の規模は諸外国に比べ大きく見劣りしました。

その結果、アメリカのGAFAや中国のBATHのように存在感のある世界的なデジタル企業は、残念ながら日本では育ちませんでした。「守りの経営」に徹した日本企業、それに対して積極果敢な「攻めの経営」で新しい市場開拓と競争を仕掛けた米中企業との間には、大きな差が生じました。

デジタル経済を牽引するプラットフォーマー（65参照）をはじめとするデジタル企業は、テクノロジーを駆使して、短期間で大量の顧客データを収集するとともに、素早く実験から学び、プラットフォームの価値を高める補完的な機能やサービスを生み出しています。日本が得意としてきたものづくりと違い、デジタル経済のサービス開発は、はじめから完璧な製品・ソリューションを目指しません。**MVP**（Minimum Viable Product）、すなわち必要最小限のプロダクト開発により、短い期間でのリリースと素早い改善を繰り返していく**テスト・アンド・ラーン**を高速回転してよりよい顧客体験に繋げています。

「テスト・アンド・ラーン」アプローチ

① 実用化に耐え得る最低限度の品質の製品「MVP」を開発
② MVPを顧客や実験グループに公開
③ 顧客や実験グループからのフィードバックを収集
④ フィードバックをもとに製品やサービスを改善・改良・破棄

77 Web3
Web3

Key Point

- ・ブロックチェーン技術によって実現した分散型インターネット
- ・Web2.0 時代の覇権を握る一部のプラットフォーマーに情報と富が集中することによる弊害を解決するために生まれた概念

「次世代インターネット」Web3

次世代インターネットとして、メタバースとともに注目を集める Web3 は、新たなコミュニケーションや経済圏の構築が期待されています。

Web3 とは、暗号資産に使われる**ブロックチェーン**（分散型台帳）技術によって実現した**分散型インターネット**を指します。分散型であるということは、ある特定の少数の支配者（管理者）がいるのではなく、ユーザー同士がデータを分散的に管理することを特徴としています。このように、Web3 は、インターネットにおける利用者と提供者の関係を一変させようとするもので、非集権型の仮想空間、ないしはプラットフォームが主たる舞台となります。

Web1.0 は、1990 年代後半から 2000 年代前半において台頭したネットサービスであり、そこでのサービスや情報の流れは提供者から利用者への一方向でした。パソコンを介した Web サイトが主なサービスであり、ブラウザーで閲覧する形態が一般的でした。

2000 年代後半に台頭したのが、**Web2.0** であり、現在、私たちが利用しているインターネットの世界です。2010 年前後にスマホが普及し、SNS やストリーミング、さらにはサブスクリプションなどのサービスが広く提供されるようになりました。Web1.0 では、ユーザーはあくまで情報の受け手でしかなかったのが、Web2.0 になると送り手とユーザー間の双方向的なやり取りが可能になり、ユーザーが生成するコンテンツが価値を持つようになりました。そこでのメインプレイヤーは、一部の巨大プラットフォーマーでした。

Web3 では、Web2.0 時代の覇権を握る一部のプラットフォーマーに情報と富が集中することによる弊害を解決するために生まれた概念であり、今日のような圧倒的な支配力を発揮する企業が出現することはできないとされています。

NFTとDAOが拓く新たな世界

ユーザーはプラットフォーマーなどサービス提供者への依存がWeb3によりなくなると言われます。暗号資産（仮想通貨）のために開発されたブロックチェーンが、データの流通や決済・取引履歴等を分散して管理することを可能にしました。一度アップロードされたデータは、ブロックチェーンで保管することによって、コピーや改ざんがきわめて難しくなります。

Web3の取り組みとして、現在最も多いのは**NFT**（Non-Fungible Token：非代替性トークン）です。NFTとは、ブロックチェーン技術を利用した新しい認証方式で、偽造や改ざんが不可能な代替不可能なデジタルデータです。これによって、イラストや写真、映像や音楽をはじめとするデジタルコンテンツの唯一性が担保されるようになりました。NFTの技術によって唯一無二の価値を持つようになったデジタルコンテンツは**NFTアート**と呼ばれます。

Web3の組織形態として注目されるのが**DAO（分散型自律組織）**です。DAOは、特定の管理者がおらず、メンバーが共同所有・管理する組織を指します。有名なDAOの例はビットコインです。ビットコインは特定の管理者がおらず、ビットコインの保有者がDAOのメンバーとして運営に参加することになります。DAOは、新しい時代の組織形態として注目されています。

Web1.0、Web2.0、Web3の主な違い

	Web1.0	Web2.0	Web3
時期	1990年代後半～2000年代前半	2000年代後半～2010年代後半	2020年代～
データの流れ	提供者から利用者への一方向	提供者と利用者の双方向	分散／非中央集権化
基盤技術	HTML 4.01	HTML5（JavaScript）	ブロックチェーン
主なサービス	Webサイト	SNS、ストリーミング、サブスクリプション	NFT（非代替性トークン）、DeFi（分散型金融）
主なプレーヤー	Webブラウザーメーカー	巨大プラットフォーマー	DAO（分散型自律組織）

出所：日経クロステック（2022）を一部修正

78 デジタルツイン
Digital Twin

Key Point

- 仮想空間上に現実世界とまるで双子（ツイン）の世界を作る技術
- 現実世界をセンサーやカメラ等を用いて正確に捉え、仮想空間上に同じ世界を再現することで現実世界の最適解の発見や予兆検知など将来予測を実現

現実世界のシミュレーションの場

オンライン上の仮想空間において、現実の世界に存在するあらゆる物理的なものをデジタル化する試みに注目が集まっています。これは「デジタルツイン」と呼ばれる概念で、オンラインの世界に現実世界のオブジェクトを忠実に再現する点に特徴があります。

デジタルツインは、現実世界をセンサーやカメラ等を用いて正確に捉え、仮想空間上に同じ世界を再現する技術を指します。センサー技術をはじめ、AIや5G、さらにはVRやARといった**XR**（クロスリアリティ）の技術が発達したことで精度の高いデジタルツインを構築することができるようになり、各業界で注目されています。

仮想空間を利用するという点でメタバース（43 参照）と似ていますが、「忠実性の再現」という点で両者は異なります。メタバースの場合は、必ずしも仮想空間上で現実世界のオブジェクトと同じ仕様や環境である必要はありません。これに対して、デジタルツインは現実世界とまるで双子（ツイン）の世界を作り上げることに特徴があります。

デジタルツインは、アメリカのGE（ゼネラル・エレクトリック）が提唱した「Industrial Internet」の中核的なコンセプトとして注目を集めました。同社では、はじめに航空機エンジンや機関車、ガスタービンなどの大型機械にデジタルツインを導入しました。IoTによる実稼働データを取り込み、予測モデリングを活用して、予兆検知などに活用しています。これによって、メンテナンスコストを最適化し、運用リスクの軽減、総コストの削減に役立てています。現在では医療から航空まであらゆる事業部門にデジタルツインを広げています。

現実世界の最適解の発見と未来予測

リアルに忠実な世界を仮想空間上に作り上げるとともに、リアルタイムな情報連携を行うことによって、精緻な現状分析や現実世界ではできないシミュレーションを行うことができます。その結果をもとに現実世界の最適解を見つけてアップデートすることに加え、**予兆検知**など将来予測を可能にします。

デジタルツインの活用は、製造業や建設業などの分野で先行していますが、都市開発の分野でも注目されています。国土交通省が主導する「3D 都市情報プラットフォーム（PLATEAU）」には、多くの地方公共団体や企業、専門家らが参加しています。デジタルツインによる3D 都市モデルに、分野を超えた情報を集積させて社会課題の解決や社会に新たな価値を生み出していくことが期待されています。この3D都市モデルが提供する価値は**ビジュアライズ（視認性）**、**シミュレーション（再現性）**、**インタラクティブ（双方向性）**の3点です（表）。これらの価値が総合的に発揮されることで、都市のデジタルツインを実現します。これが活用される領域として、防災・防犯、環境・エネルギー、都市計画・まちづくり、地域活性化、観光・コンテンツ、モビリティ・ロボティクスなど多様な分野が挙げられています。

これからの数年で、デジタルツインを活用した事業や市場は急速に拡大することが予想されています。デジタルツイン化されたスマートシティ（80 参照）では、人の動きや乗り物の動き、さらには気候や災害リスクなどの可視化を実現します。時空間の隔たりを超えたデジタルツインによって、未来予測が可能になり、新しいビジネスチャンスが開かれていきます。さまざまなサービスを連結させることで、単体のビジネスでは生み出せないビジネス価値の創出も期待されます。

3D 都市モデル

ビジュアライズ（視認性）	都市空間が立体的に認識可能となり、説明力や説得力が向上
シミュレーション（再現性）	立体情報を持った都市空間をサイバー上に再現することで、幅広く、精密なシミュレーションが可能
インタラクティブ（双方向性）	フィジカル空間とサイバー空間が相互に情報を交換し作用し合うためのプラットフォームを提供

出所：国土交通省 HP「PLATEAU by MLIT」

79 Society 5.0

Society 5.0

Key Point

・サイバー空間とフィジカル空間を高度に融合させたシステムにより、経済発展と社会的課題の解決を両立する人間中心の社会
・情報社会の課題を克服し、すべての人のあらゆるニーズに対応できる社会

現在の情報社会の課題を克服した来たるべき未来

日本が目指す未来社会の姿と言われるのが「Society（ソサエティ）5.0」です。「いのち輝く未来社会のデザイン」をテーマとした2025年の大阪・関西万博では、「持続可能な開発目標（SDGs）」達成への貢献に加えて、Society 5.0の実現を目指しています。Society 5.0とは、狩猟社会（Society 1.0）、農耕社会（Society 2.0）、工業社会（Society 3.0）、情報社会（Society 4.0）に続く新たな社会を意味します。内閣府はSociety 5.0を次のように定義しています。

「サイバー空間（仮想空間）とフィジカル空間（現実空間）を高度に融合させたシステムにより、経済発展と社会的課題の解決を両立する、人間中心の社会（Society）」。

来たるべき社会は、現在の情報社会（Society 4.0）に顕在化した課題や問題を克服した社会であり、AIや先端デジタル技術の力ですべての人のあらゆるニーズに対応できる社会が描かれています。これまでの情報社会（Society 4.0）の課題について代表的には次の点が指摘されています。

① 知識・情報の共有、連携が不十分
② 必要な情報の探索・分析が負担。リテラシー（活用能力）が必要
③ 地域の課題や高齢者のニーズなどに十分対応できない
④ 年齢や障害などによる、労働や行動範囲の制約

現代の社会システムが直面するこれらの課題や困難を克服するべく、Society 5.0ではAIやIoT、ロボット等の先端技術をこれまで以上にあらゆる産業や社会生活に取り込んでいき、経済発展と社会的課題の解決を両立していくのが特徴です。

先端のデジタル技術を活用して課題を克服

Society 5.0では、IoTですべての人とモノが繋がり、さまざまな知識や情報が共有され、今までにない新たな価値を生み出すことで、これらの課題や困難を克服していく社会が描かれています。

具体的には、交通、医療・介護、ものづくり、農業、食品、防災、エネルギーなどの分野で新たな価値の創造が期待されています。各国で導入が進みつつある5G（第5世代移動通信システム）やBeyond 5G（6G）により、高速大容量・低遅延・多数同時接続などの要求条件を同時に実現する社会が近い将来に訪れます。

これらを利用することで、サイバー空間を現実空間と一体化させ、Society 5.0の中核的な機能を担うことが期待されています。未来社会の実現に向け、ここ数年、上で挙げた各分野において、社会実装に向けた取り組みを加速させています。

Society 5.0の実現課題の一つには、各企業や機関、そして生活者が日々生み出すビッグデータをどのように共有や活用をしていくか、共通のプラットフォームなど社会全体で相互活用できる仕組みの早急な整備が挙げられます。

Society 5.0

経済発展	社会的課題の解決
・エネルギーの需要増加	・温室効果ガス（GHG）排出削減
・食料の需要増加	・食料の増産やロスの削減
・寿命延伸、高齢化	・社会コストの抑制
・国際的な競争の激化	・持続可能な産業化
・富の集中や地域間の不平等	・富の再配分や地域間の格差是正

IoT、ロボット、AI等の先端技術をあらゆる産業や
社会生活に取り入れ、格差なく、多様なニーズに
きめ細かに対応したモノやサービスを提供
「Society 5.0」へ

経済発展と社会的課題の解決を両立

出所：内閣府HP

スマートシティ
Smart City

Key Point

・最先端のデジタル技術やデータ等を活用し、地域や社会が抱える課題解決に加え、新たな価値を創出し続ける、持続可能な都市や地域
・東京一極集中を是正し、地域間格差を解消する切り札としても期待

社会と地域の課題解決と持続可能な都市を目指して

Society 5.0の実現に向けて、スマートシティの推進が2010年代以降、国内外で推進されています。スマートシティとは、地域や社会が抱えるさまざまな課題に対して、ICTやIoT、AIやクラウド技術などの最先端のデジタル技術やデータ等を活用して解決を図る都市や地区を意味します。課題解決を通して、利便性の高いサービスを整備し、そこで暮らす住民の暮らしやすさを実現します。地域や社会が抱える課題解決に加え、新たな価値を創出し続ける、持続可能な都市や地域として期待されており、Society 5.0の先行的な実現の場となっています。

内閣府、総務省、経済産業省、国土交通省は、全国のスマートシティの構築・運営を支援するため、地方公共団体等が活用できる「スマートシティ・ガイドブック」を公開しています。そこでは、スマートシティの基本理念として、以下の3点を挙げています。

・**市民（利用者）中心主義**："Well-Beingの向上"に向け、市民目線を意識し、市民自らの主体的な取り組みを重視
・**ビジョン・課題フォーカス**：「新技術」ありきではなく、「課題の解決、ビジョンの実現」を重視
・**分野間・都市間連携の重視**：複合的な課題や広域的な課題への対応等を図るため、分野を超えたデータ連携、自治体を越えた広域連携を重視

さらに、基本原則として「相互運用性・オープン性・透明性の確保」「公平性、包摂性の確保」「プライバシーの確保」「運営面、資金面の持続可能性確保」「セキュリティ、レジリエンシーの確保」の5つを挙げています。

スマートシティの実現で期待される効果

日本社会の長年の課題だった東京一極集中を是正し、地域間格差を解消する切り札としてもスマートシティの成功は期待されます。このスマートシティの実現には、交通、商業、医療、ビジネス、金融等のあらゆる都市機能をデジタル化したDXが不可欠です。それによって発生する膨大なデータを全体最適の視点で社会課題の解決や新しい住民サービスなど価値の創出に繋げていくことが大切です。先のガイドブックでは、スマートシティで期待される効果として、「社会」「経済」「環境」の3つの観点から具体的な目標を掲げています。

①【社会】安全で質の高い市民生活・都市活動の実現

→行政手続き、購買、移動、医療、健康、観光などあらゆる都市サービスを効率化。すべての市民が等しく便利で豊かな生活を享受できる、社会的包摂(インクルージョン)を実現する効果等

②【経済】持続的かつ創造的な都市経営・都市経済の実現

→各種データや新技術を駆使した、さまざまな市民、事業者向けサービスが続々と創出される環境が生まれ、地域経済が活性化する効果等

③【環境】環境負荷の低い都市・地域の実現

→業務活動、日常生活や移動行動などあらゆる場面で、現実のヒトやモノの動きに対応した形でエネルギー・資源利用が最適化され、**脱炭素社会**の実現に繋がる効果等

国内のスマートシティは、国が多額の予算を投入する一方、「実用化が進んでいない」との指摘も出ています。日本経済新聞の調べでは先駆けとなった10年前の地域実証実験・調査の7割弱で成果が残っていなかったと指摘します。多くの住民がスマートシティの効果を実感できる状況に到達すべく、先行事例を広く検証する取り組みが求められます。

国内で推進するスマートシティの先行事例

・スマートシティ会津若松(福島県会津若松市)
・柏の葉スマートシティ(千葉県柏市柏の葉キャンパス周辺)
・トヨタウーブン・シティ(静岡県裾野市)
・スマートシティたかまつ(香川県高松市)
・加古川スマートシティプロジェクト(兵庫県加古川市)
・スマートシティさいたまモデル(埼玉県さいたま市)

MaaS

Mobility as a Service

Key Point

- 交通手段を組み合わせ、最も効率的な移動手段を提供するサービス
- 交通手段の最適化を利用者へ提供するとともに、公共交通機関の活性化、さらに交通渋滞や持続可能なまちづくり等の社会課題の解決も期待

交通手段を最適化する MaaS

次世代交通サービス「MaaS（マース：Mobility as a Service）」が世界的に注目されています。MaaS とは、人の移動に関する利便性を高めることを目的に、複数の交通手段を最適化する概念です。

MaaS では、バスや電車、タクシーといった従来の交通・移動手段に新しい**モビリティサービス**（シェアサイクルや電動キックボード、そしてカーシェアリングサービスなど）を統合する点に特徴があります。そして、地域住民や旅行者一人ひとりのニーズに合わせて、これらの交通手段を組み合わせ、最も効率的な移動手段を提供するサービスです。

MaaS の先進国はフィンランドです。多くの交通問題を抱えていたフィンランドでは、2016 年頃から官民一体となって MaaS の実証実験に取り組み、今では都市部を中心とする同国の交通事情は大幅に改善したと言われます。従来の交通インフラと新たなモビリティを組み合わせることで利便性や環境問題などの課題を解決しています。

日本では、**日本航空**（JAL）や**全日本空輸**（ANA）が各交通機関や自治体と連携した MaaS に取り組み、空港から目的地までの移動をシームレスに繋げるサービスを展開し始めています。

巨大市場に成長すると見込まれる MaaS は、交通手段の最適化を利用者へ提供するとともに、自家用車による移動が減少することによる公共交通機関の活性化、さらに交通渋滞や持続可能なまちづくり等の社会課題の解決も期待されます。また、ホテルや商業施設など生活サービスと連携して移動の高付加価値化という効果も期待されます。

MaaS アプリ「Whim」の実力

すでに私たちが移動する際には、さまざまなスマホのアプリを活用することができるようになっています。各交通機関の運行情報から座席の予約、支払いまで容易に利用できるようになりました。このようなデジタルを用いた便利なサービスが各社から提供されていますが、利用者は交通機関が提供する各社のアプリを必要に応じてその都度起動して利用しなくてはなりません。

MaaS の重要な目的の一つが、このように各社が提供するサービスを一元的に管理、活用できるためのプラットフォームを設けることです。利用者は一つのプラットフォーム（アプリ等）を活用することでシームレスな交通移動が実現し、利便性と快適性が飛躍的に向上することが期待されます。

世界に先駆けて MaaS の概念を実現したのが、フィンランドのスタートアップ、MaaS Global が提供する **Whim**（ウィム）です。Whim のプラットフォームでは、目的地を入力すると最適な交通手段が複数提示されます。推奨される移動手段は、公共交通機関やタクシーからカーシェアやバイクシェア、さらには自転車シェアや電動キックボードのようなマイクロモビリティまであらゆる交通手段を組み合わせた最適解が提案されます。

このプラットフォーム一つで、交通手段の検索から予約、利用、支払いまで完結することができます。これまでのようにわざわざ切符を購入したり、各交通機関のアプリを立ち上げる必要もありません。料金体系にも工夫があり、月額の定額料金も設定しています。これの導入によって、フィンランドでは公共交通へのシフト、タクシー利用の倍増といった成果を出しています。Whim は日本でのサービスもリリースしました。現在は一部地域で交通手段も限定的ですが、これからの発展が期待されます。

MaaS プラットフォーム

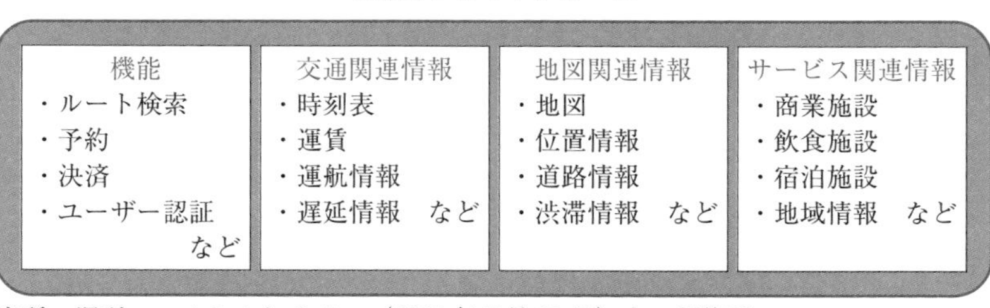

出所：週刊エコノミスト Online（2019 年 7 月 22 日）を一部修正

第 6 章

伝統的マーケティングの基礎理論

82 近代マーケティングの誕生
Modern Marketing History

Key Point

- 19世紀後半のアメリカで資本主義体制が進展していく過程で誕生
- 生産方式の近代化による供給過多や恒常的な価格競争を背景に、当時の大規模製造業が採用した、需要開拓の新しい取り組み

マーケティング誕生の背景

マーケティングは、19世紀後半から20世紀初頭において、世界に先駆けてアメリカで生成・発展したと言われています。マーケティング誕生の契機は、19世紀後半にアメリカにおいて資本主義体制が進展していく過程に見ることができます。なかでも、アメリカの歴史で唯一の内戦である南北戦争（1861～1865年）以降、資本の集中により工業生産力は飛躍的に拡大しました。そして、大陸横断鉄道の開通（1869年）に伴い、西部開拓が本格化したことによる国内市場の拡大が見込まれ、本格的な工業化の機運が高まりを見せました。資本主義発展の基盤が生まれましたが、当時はまだ消費が大衆に行き渡っていなかったことで、生産力（供給）の拡大に見合う購買力（需要）には至りませんでした。そのため、さまざまな産業において市場は供給過剰となり、**需給の齟齬**が顕在化しました。売り手は構造的な生産過剰に陥った結果、大規模な不況に直面しました。

ここに、生産者自らが需要開拓する必要性が生じ市場開拓や市場対応の方法としてマーケティングが誕生しました。これまで生産者は「作る」ことに専念していればよく、「売る」ことに関しては流通業に任せてきました。しかしながら、供給過剰の産業構造が出現するに至り、生産者は流通業に販売を委ねる限り、流通在庫が滞留する事態に陥りました。そのため、当時の大規模生産者は自ら最終需要の開拓活動に乗り出さざるを得なくなったのです。恒常的な価格競争（値下げ）を回避するためにも、生産者は生産機能と同時に自らの手によって消費者を刺激して需要を創造していく方法を採用せざるを得なくなったわけです。この「生産者による最終需要の開拓活動」を、のちに「マーケティング（Marketing）」と称することになりました。

供給過多と非価格競争を回避した新たな取り組み

このように、マーケティングは生産方式の近代化による供給過多とそれによるオーバーストック状態の解消、さらには破壊的な価格競争をいかに回避するか、という問題意識のもと、当時のアメリカ製造業が採用した需要開拓の「新しい取り組み」を意味します。

この新しい取り組みには、自分たちの製品の存在や価値を広く知ってもらうための**広告**をはじめ、競合他社製品との違いを明確化した**製品差別化**、さらには自社製品の価値を少しでも高めるための**ブランディング**、買い手のニーズを明らかにする**マーケティング・リサーチ**など多様な手段が登場しました。つまり、安売り以外の競争要素で自社の製品の価値を高め、他社との差別化を図る**非価格競争**の各種取り組みがこの時期に開花しました。

当時、この非価格競争により大量販売を目指したのは、農機具、タバコ、石鹸、缶詰、ミシンなどの産業です。新しい活動をリードした企業の一つが、現在でも世界No.1の日用雑貨メーカー、米**P&G**（プロクター&ギャンブル）です。当時のP&Gは、石鹸を主力商品としていました。他社製品が茶色や黄色で、包装もしていなかった状況において、他社と差別化を図るために純白色にこだわり、商品の**名付け（ネーミング）**も行いました。そのネーミングは、希少価値であり高級感を連想させるために「Ivory（象牙）」としました。アイボリーブランドの化粧品は発売から150年を超えた現在でも売れ続け、世界最古・最長の製品ブランドと言われています。最終市場における需要開拓・調整を目指すマーケティングは、20世紀に引き継がれていくことになります。

アイボリーの黎明期のパッケージと広告

出所：IVORY（P&G）HP

83 マーケティングのルーツ
Origin of Marketing

Key Point

- 江戸時代に開業した「越後屋」にマーケティングのルーツあり
- 商才に富んだ三井高利が「顧客の立場に立った」斬新な商いの数々を発明し、江戸を代表する大店に成長

ルーツは日本にあり

アメリカで生成・発展した近代的なマーケティングが日本に広く紹介されたのは昭和30年代と言われています。この時代は、「三種の神器」と呼ばれる電気洗濯機、電気冷蔵庫、白黒テレビをはじめとする家庭用電気製品が普及するとともに、自動車が年間100万台前後も増え続けるモータリゼーションが本格化した時期に当たります。この時期を境に日本経済は好転の時期を迎えます。大量生産の技術が普及し、大量の商品を生産者自らが最終消費市場の需要を喚起し始めました。そのための手段として、アメリカより導入された体系的なマーケティングや理論がクローズアップされるようになりました。

その当時まで日本でマーケティングの活動がまったく行われていなかったかと言うとそうではありません。その発祥を日本に求める説もあります。ピーター・ドラッカーは、著書の中で「マーケティングの元祖は三越の前身である越後屋である」と述べています。

現代に通ずる商い手法の発明

三越百貨店の前身、そして今日の三井財閥の始祖である**越後屋（三井越後屋呉服店）**は、今から350年前の江戸時代前期、延宝元（1673）年に江戸と京都で開業しました。伊勢松坂出身の商人で商才に富んだ三井高利が興した店で、大名・武家から庶民まで幅広いお客から高い支持を得て、江戸を代表する大店（おおだな）に成長しました。当時の江戸にはすでに老舗の呉服店が軒を連ねていました。後発の越後屋はそれまでの呉服販売の商いを見直し、現代に通じる斬新な商い方法を次々に打ち出しました。

越後屋が採用した革新的な商法の筆頭が**店前売り（たなさきうり）**です。それまでの呉服店の商いは、番頭や手代が大名屋敷に出向いて商品を販売する屋敷売りや、注文を

受けて後日商品を持参する見世物商いが主流でした。反物から新品の呉服を誂（あつら）えることができるのは富裕層に限られ、庶民は古着を買って着ていました。買い手が呉服を買いに店に出向くことが一般的でなかった当時、大きな店構えの越後屋では、買い手が店頭で豊富な商品の中から実際に手に取り、出来上がりのイメージも見ながら選ぶという手法を取り入れました。そして、店前売りの重要な工夫として、**現銀（金）掛値なし**を打ち出しました。これまでは掛値（利子）が付いて高値なものでした。現金払いにすることで商品の値段を下げ、呉服は町人など庶民にも手が届くものになりました。さらに、**正札（定価制）**を導入して誰もが安心して購入できるようになりました。

また、当時の呉服商が禁止していた**切り売り**を行い、新しい生地で着物の補修をしたり、おしゃれとして着物をリメイクするなど新たな需要を掘り起こすことに成功しました。季節外れの着物や傷物などを**値引き販売**したのも当時の呉服商の商いの常識とはかけ離れたものでした。

これらの商いの工夫は、買い手である「顧客の立場に立った商い革命」であり、顧客がどうすれば喜んでくれるか、どうすれば満足してくれるか、というマーケティングの本質が貫かれています。越後屋は、**引き札**（チラシ）や**錦絵**（ポスター）などプロモーション（95参照）によるブランディングにも力を入れたことでも知られ、やがて「芝居千両、魚河岸千両、越後屋千両」と言われるほど繁盛し、長い歴史を刻んでいくことになります。

三越の呉服陳列を各地方に宣伝したポスター（1896年）

出所：国立国会図書館HP（https://dl.ndl.go.jp/pid/3443192）

84 マーケティングの理念
Marketing Philosophy

Key Point

- マーケティングの理念は、作ったものを売る「プロダクトアウト」とは反対に、顧客が望むものを作る「マーケットイン」を志向
- 買い手の都合を前提にビジネスを組み立てることがマーケティングの本質的行為

プロダクトアウトからマーケットインへ

83 で紹介した越後屋の数々の商い革命に共通するのは、「顧客の立場に立った商い革命」にあります。どうすればお客様は喜んでくれるか、満足してくれるか。稀代のアイデアマンである三井高利はこの点を追求したのです。売り手である自分たちの都合に商いを合わせるのではなく、買い手である顧客の立場に立ち、買い手の都合に自らの商いを合わせることの重要性が示唆されます。

これこそがマーケティングの原点であり、**顧客志向**の考え方そのものです。売り手との取引に応じるか応じないか、買うか買わないかという取引の最終決定権を持っているのは買い手側であることは言うまでもありません。したがって、売り手側は常に買い手側の立場に立って、買い手の都合を前提に自らのビジネスを組み立てる姿勢や考え方が不可欠です。

顧客志向と考えを異にするのが**生産志向**、**製品志向**、そして**販売志向**です。生産志向は「物は作れば売れる」という考えのもと、低コストでの生産を実現することに、製品志向は「いいものは売れる」という考えのもと、製品の改善・改良に注力します。そして、販売志向は完成された製品をあの手この手を駆使してセルアウト（売り切る）しようとする考えです。

これらの３つは**プロダクトアウト**の発想であり、買い手のニーズよりも売り手の論理を優先させるもので、顧客や市場を軽視した状況で製品を世に出します。これに対して、顧客志向は**マーケットイン**の発想であり、「顧客が望むものを提供する」という発想です。そこでは、買い手のニーズを起点とし、顧客視点で商品やサービスの開発・提供を行うことを意味します。

マーケティングの社会志向

さらに、今日のマーケティングでは、顧客視点に加えて、「社会」への考慮を重視した**社会志向**が求められるようになっています。近年、**SDGs**が広く認知され、消費者の間で地球環境の持続可能性や社会課題への関心が高まっています。日々の買い物の際に、人や社会に配慮した製品や企業を選んで購入する人が増えています。こうした消費行動を**エシカル消費**と呼びますが、社会の一員として企業の社会的責任や社会貢献という形でマーケティングを捉えることの重要性が高まっています。自社の顧客の要望に応えるだけでなく、社会全体の利益や福祉の向上を視野に入れた考え方がこれからの企業にはますます求められていきます。

このような見方は日本では決して新しいものではありません。近江商人の経営哲学の一つとして**三方よし**（「売り手によし、買い手によし、世間によし」）が広く知られています。売り手が自らの利益のみを追求することをよしとせずに、買い手にとっての利益・満足、さらには社会の幸せを願う精神の重要性が江戸時代から明治時代の商人道として言い伝えられてきたことと本質的には変わりません。

買い手の都合を前提にビジネスを組み立てることがマーケティングの本質的行為であって、そこでは買い手を幸せにし、社会をよりよいものにすることがマーケティングの本質的な理念と言えます。これからのマーケティングに求められるのは持続可能性です。現在の消費者や生活者のニーズを満たしつつ、現在さらには未来の社会的・環境的責任を果たしていくマーケティングです。

マーケティング・コンセプトの変遷

生産志向	「いかに効率的に作るか」。低コストでの生産を実現することを重視
製品志向	「いかによいものを作るか」。製品を改善・改良することを重視
販売志向	「いかに効率的に売るか」。製品を売るための工夫と努力を重視
顧客志向	「いかに顧客が求めるものを提供するか」。顧客のニーズを満たす製品・サービス開発を重視
社会志向	「いかに人や社会に配慮したものを提供するか」。企業の社会的責任や社会貢献を重視

マーケティング定義の変遷

Marketing Definition

Key Point

・マーケティングの定義は、時代の変化に合わせて改定されてきた
・最新の定義では、顧客に限定せず、クライアント、パートナーおよび社会全体を視野に入れた広範な役割と責任を持つことを明示

変わりゆく定義

時代とともに、マーケティングに関する定義は変化しています。それは、マーケティングに関する研究と理論の積み上げが定義や概念に発展と変遷を与えてきたものと見ることができます。さらに、マーケティングという経済的行為が、時流に伴って変化してきたことに関係していると考えられます。

半世紀以上前の定義を見てみましょう。1937年に設立された世界的に権威ある**アメリカマーケティング協会**（略称 AMA）は、1960年にマーケティングを次のように定義しました。

【1960年の定義】

「マーケティングとは、生産者から消費者または使用者へ商品およびサービスを移行させるための事業活動である」。

この定義を出発点として、その後多くの研究者によって、マーケティングの定義と概念が提言され、検討されてきました。その後25年を経て、AMAはマーケティングの定義を大幅に改定しました。そこでは次のような定義がされました。

【1985年の定義】

「マーケティングとは、個人や組織の目標を満たす交換を創造するために、アイデア、商品、サービスの概念形成、価格、プロモーション、流通を計画・実行するプロセスである」。

四半世紀ぶりに改定された新しい定義は、初期のものよりかなり広範囲な概念を含むものになっています。商品やサービスだけでなく、アイデアまでも対象とし、営利企業だけでなく非営利組織の活動も包含するものとなりました。さらに、マーケティングは計画と実行の過程と見なされました。

最新の定義

マーケティングの定義は必ずしも一様ではなく、広狭さまざまな考えが提示されています。AMAによる定義もその後も改定され続けています。最新の定義は2017年になりますが、2007年の改定から内容に違いは見られません。すなわち、以下の定義がこの15年ほど世界で最も知られたマーケティングの定義となっています。

【2017年の定義】

「マーケティングとは、顧客、クライアント、パートナー、および社会全体にとって価値のある提供物を創造、伝達、提供、および交換するための活動、一連の機関、およびプロセスである」。

AMAが考える現時点のマーケティングの定義を見ると、マーケティングは売り手である顧客に限定せずに社会全体という、より大きな視野において、それぞれに価値を提供するという広範な役割と責任を持つことが明記されました。その前の定義（2004年）では、ステークホルダーの言葉がありましたが、この言葉が「社会全体」という言葉に代わったことで、利害関係者のみに限定せずに社会全体への責任を認識できるよう修正されています。このことは、84で見た社会志向に合致する考えであることが分かります。

一方で、日本マーケティング協会では、表のようにマーケティングを定義しています。AMAの定義と同様に、営利・非営利問わずあらゆる組織の活動であること、国内のみならず海外にも目を配る必要性、顧客との相互理解を重視した考え方、あくまで公正な競争に則った活動であることが明記されています。

日本マーケティング協会によるマーケティングの定義

マーケティングとは、企業および他の組織がグローバルな視野に立ち、顧客との相互理解を得ながら、公正な競争を通じて行う市場創造のための総合的活動

出所：日本マーケティング協会 HP

86 戦略的マーケティング
Strategic Marketing

Key Point

- マーケティングは、全社レベルの「戦略的マーケティング」と事業や製品レベルの「マーケティング・マネジメント」の2つに大別
- 「戦略的マーケティング」は、各事業への経営資源の配分と競争戦略を策定

マーケティングの異なる2つの体系

マーケティングの体系は、企業戦略の色彩が強い**戦略的マーケティング**と個別の製品やサービスの事業戦略に関わる**マーケティング・マネジメント**（88 参照）から構成されます。

一般的に、企業は個々の製品やサービスの事業単位でそれぞれの戦略を考えると同時に、企業全体の戦略を策定し、今日および明日の糧を得るための全体像を描きます。この全社的な企業戦略の策定を担うのが戦略的マーケティングです。事業が多事業や多製品・サービスへと拡充するに従い、戦略的マーケティングが重要視されてきました。

戦略的マーケティングでは、**ドメイン**の策定から始まります。ドメインとは、「企業が定めた事業の展開領域」であり、当該企業の主要生存領域のことです。ドメインを定義することで、組織全体として一貫性のある戦略の遂行や経営資源の有効活用などが期待されます。

ドメインを策定する際に参考になるのが、元ハーバード大学ビジネススクールの**セオドア・レビット**氏による**マーケティング近視眼**（Marketing Myopia）の議論です。レビット氏は、アメリカの衰退した鉄道会社を挙げ、ドメインを物理的な製品視点（企業視点）から自社の事業領域を規定することの危険性を指摘しました。製品やサービス、技術といった物理的な側面からドメインを定義してしまうと、これらはいずれ陳腐化することから自社の成長機会を失うことに繋がります。とは言え、ドメインの定義が広すぎると経営資源が分散するとともに戦略の一貫性が損なわれかねません。企業環境全体の洞察と自社が有する経営資源を見定めたうえで、自社の将来を託すに足る魅力的な事業領域の規定が求められます。

事業ポートフォリオによる資源配分

ドメインが定義されたら、事業ポートフォリオ分析を通じて各事業への最適投資バランスと基本戦略の方向付けを行うことになります。図はBCG（ボストン・コンサルティンググループ）が開発した、**製品ポートフォリオ・マネジメント（PPM）**です。複数の異なる事業を展開する企業は、各事業を「市場成長率」（縦軸）と「市場シェア」（横軸）の高低に基づいて、「花形（スター）」「問題児」「金のなる木」「負け犬」事業の4つに分類します。それぞれの象限で採用される基本戦略は次の通りです。

- **花形**……市場成長率、市場シェアともに高い事業。投資額は大きいが将来的に市場が成熟した段階で「金のなる木」になることが期待できるので、「維持」が基本戦略
- **問題児**……市場成長率が高く、市場シェアが低い事業。キャッシュフローはあまり入ってこないが、成長期の事業であることから多額の投資資金が必要となり、積極的な「投資」が基本戦略
- **金のなる木**……市場成長率が低く、市場シェアが高い事業。シェアの高さから回収されるキャッシュは大きいうえに、成熟市場ゆえに追加的な投資の必要性は小さく、企業全体の大黒柱となる事業で「収穫」が基本戦略
- **負け犬**……市場成長率、市場シェアともに低い事業は「撤退」が鉄則

低収益が指摘される日本企業にとって、DX時代を前提としたポートフォリオの抜本的な見直しが要請されます。

製品ポートフォリオ・マネジメント

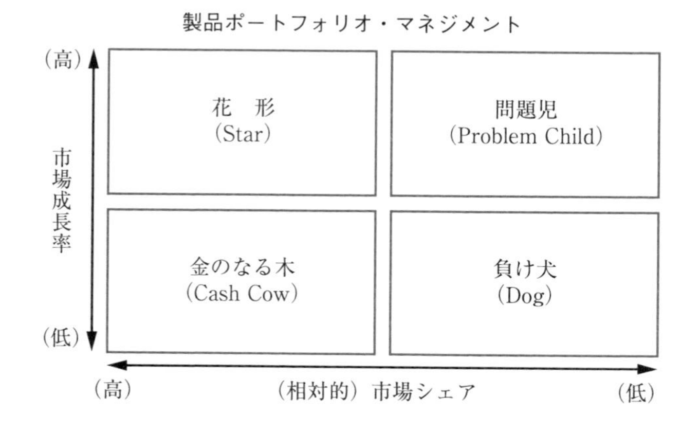

競争戦略
Competitive Strategy

Key Point

・ポーターのファイブ・フォース・モデルをはじめ、企業が選択したドメインにおいて競争に勝ち抜くための競争戦略が策定
・コトラーは市場における競争地位に応じた４つの戦略定石を提示

競争構造の分析

戦略的マーケティングで経営資源の配分が確定された次には、企業が選択したドメインにおいて競争に勝ち抜くための戦略が策定されます。競争者に対して、競争上の優位な地位（競争優位性）を確立するための戦略が展開されます。

企業が競争優位性を構築するためのアプローチの一つに**ポジショニング・アプローチ**と呼ばれる企業の外部環境や市場地位を重視する考え方があります。その代表がハーバード大学**マイケル・ポーター**氏の**ファイブ・フォース・モデル**です。企業の競争要因は、同じドメイン内における同業他社との競争だけではなく、「新規参入業者」「売り手」「買い手」「代替品」のすべてが競争相手になり得ることを示しました。5つの競争要因が業界の競争の激しさと収益率に影響を与えます。企業はそれぞれの競争特性を十分に理解し、自社の事業展開にとって有利な方向へと導く戦略の構築が求められます。

競争戦略の選択

ポーターはさらに、企業の競争戦略を競争優位のタイプと戦略ターゲットの幅に基づき、以下の3つの基本戦略に分類しました（図）。

① **コスト・リーダーシップ戦略**……競合他社よりも、低いコスト（生産コスト、流通コスト、開発コスト等）で事業を運営することで競争優位を構築する戦略

② **差別化戦略**……買い手が重要だと考える何らかの次元において、競合他社とは異質な特性を作り出すことで競争優位を構築する戦略

③ **集中戦略**……業界内の一つのセグメントあるいは少数のセグメントを選択し、そこに集中する戦略。競争優位のタイプによってコスト集中戦略と差別化集中戦略に識別

また、フィリップ・コトラーは、市場における競争地位に応じた**競争地位別戦略**を示しました。市場シェアの順位に応じて次の4つに識別し、それぞれの地位に応じた戦略定石を提示しました。

① **リーダー**（当該市場で最大の市場シェアを誇る企業）……経営資源が量的・質的ともに最も優れ、業界を牽引する立場にある企業。新しい用途の開発、使用量の増加といった市場拡大戦略の一方でチャレンジャー以下の攻撃から現在のシェアを守る防御戦略が定石

② **チャレンジャー**（第2、3位のシェアを有し、リーダーを追走する企業）……経営資源は量的に優れるが、質的にはリーダーに劣り、リーダーに対して果敢に攻撃戦略を仕掛けてシェア拡大を狙う企業。あらゆる局面で差別化された新しい価値を果敢に提案する差別化戦略が定石

③ **フォロワー**（競争上の地位が低い企業）……経営資源が量的・質的ともに恵まれないため、限りある資源を効率的に使い、上位企業に追随する企業。上位企業の製品や技術、ビジネスモデルを追随する模倣戦略が定石。これによって、開発費等を抑えて上位企業よりも低価格の設定を実現

④ **ニッチャー**（市場規模が小さい特定の領域で独自の地位を築く企業）……質的な経営資源に優れ、独自の技術やビジネスモデルを有する企業。上位企業との直接的な競争を避け、上位企業が参入していない市場に特化するニッチ戦略が定石。特定の小規模な市場で独占的な地位を築くことで収益性を確保

ファイブ・フォース・モデル

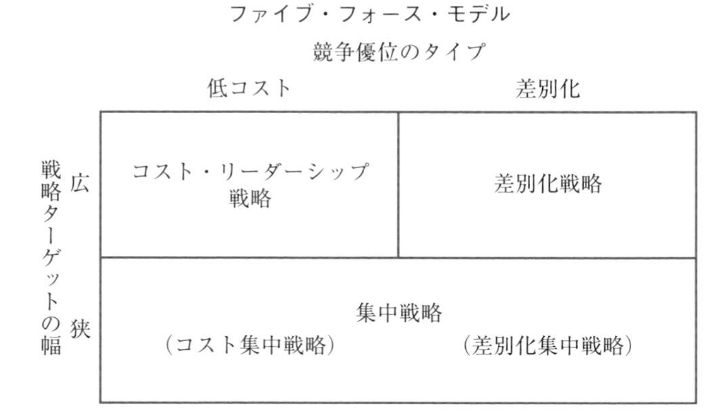

マーケティング・マネジメント
Marketing Management

Key Point

・製品・ブランド単位で市場に適合しながら顧客を獲得・維持していく一連の活動であり、マーケティングの中核的機能
・STP やマーケティング・ミックスが中心的活動となり市場適合を実現

マーケティング・マネジメントの役割

これまでに見た戦略的マーケティングによって、各事業の基本的な戦略の方向性が確定します。これを受けて、各事業において製品・ブランド単位で市場に適合させていくための段階に入ります。これを具現化するのが**マーケティング・マネジメント**です。

マーケティング・マネジメントは、企業の内部と外部の多様な要素を認識・分析し、マーケティング目標の達成に向けて、最大の効果が見込める最適なマーケティング戦略を計画・実行・管理する活動です。つまり、計画された経営資源と需要とを適合させるために必要な諸活動全般を管理・統括する役割を担います。

世界的なマーケティングの標準テキストであるフィリップ・コトラーとケビン・ケラーの『マーケティング・マネジメント』では、マーケティング・マネジメントを「ターゲット市場を選択し、優れた顧客価値を創造し、提供し、伝達することによって、顧客を獲得し、維持し、育てていく技術および科学」と定義しています。

このように、マーケティング・マネジメントは、自社にとって魅力的な市場を見つけ出し、その標的とする顧客に対して価値ある製品やサービスを開発して多様な手段を駆使して顧客に接近し、顧客との良好な関係性を構築していく一連の活動と言うことができます。

これらはすべて計画的なマーケティング・プロセスを通じて行われます。以降で解説するSTPやマーケティング・ミックスに要約される枠組みを一般的に**マーケティング戦略**と呼んでいます。

マーケティング・マネジメントのプロセス

企業は、各製品・ブランドレベルにおいて、定めたマーケティング目標を達成するために現実的で具体的なマーケティング計画を立案します。マーケティングを実施するに当たってどのような目標を設定するか、「マーケティング目標の設定」が第1のステップです。担当部門が実行可能なレベルにまで落とし込んで考えることができる具体的な数値目標を設定することが重要です。

具体的なマーケティング目標が設定された後、マーケティング計画の次の段階として、「マーケティング機会の分析」が行われます。マーケティング・マネジメントは単に企業内部におけるマーケティングのツールを駆使すればよいというものではありません。企業を取り巻く複雑な環境を考慮して、企業にとって統制（コントロール）が不可能な要素に適応していきながら、市場の脅威や機会を見いだしていく必要があります。これは、以降の具体的なマーケティング戦略を計画・実行するためのもので、企業を取り巻く外部環境を把握するとともに、自社の経営資源や組織能力を理解することが求められます。

マーケティング機会の分析の次の手順として「STPの実施（標的市場の発見）」が行われます。STPはマーケティング戦略の重要な枠組みであり、誰に対していかなる価値をいかに提供するかという重要な点についての方向付けがされます。

STPによって決定した方向性を実現するための具体的な計画が「**マーケティング・ミックス**の展開」です。その基本的な考え方は、いかなる製品（サービス）を、いかなる価格で、いかなる流通チャネルを通じて、いかなるプロモーションを実行して顧客を獲得していくかを決定することです。その後、具体的なマーケティング戦略の成果に対して、「検証・修正」がなされます。

マーケティング・マネジメントの流れ

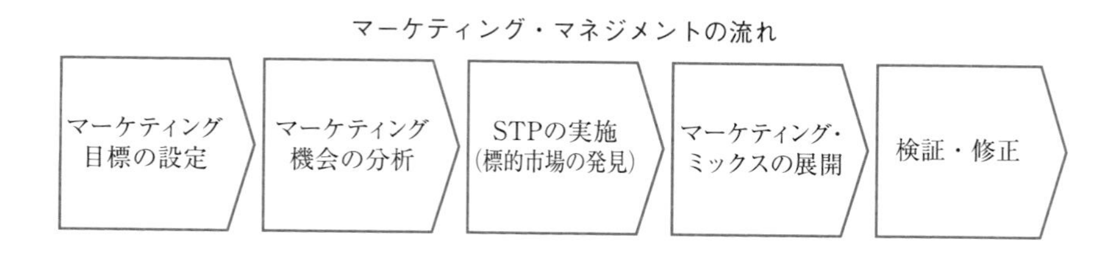

環境分析
Environmental Analysis

Key Point

- 企業の成長戦略を描くうえで、外部環境をできる限り正確に把握するとともに、自社の経営資源や組織能力の正確な理解が求められる
- 成功する事業は環境分析を軸に世の中の変化やトレンドを味方に付けている

マーケティングと環境変化

適切なマーケティング戦略を策定するためには、それに先立ち企業を取り巻く環境や状況を分析する必要があります。環境の変化に適応できなければ生き残れないのは自然の摂理であり、企業においても環境に適応できなければ存続や成長はおぼつかないものとなります。

企業の成長戦略を描くうえでは、企業を取り巻く外部環境をできる限り正確に把握するとともに、自社の経営資源や組織能力の正確な理解が求められます。外部環境は、社会情勢や流行といった世の中の流れや顧客、競合企業など企業が直接コントロールできないものです。自社でコントロールできないからこそ、大局的な見地から詳細に分析して時代の先読みを行うことが大切です。

現代は**VUCAの時代**と言われます。VUCAとはVolatility（変動性）、Uncertainty（不確実性）、Complexity（複雑性）、Ambiguity（曖昧性）を表します。混迷が深まる現代では、企業を取り巻く環境がどのように変化しているのか、その変化に素早く能動的に適応していくことが鍵です。変化が生じてからそれに適合していく受動的な適応では命取りになりかねません。

外部環境の分析

企業を取り巻く外部環境は、**マクロ環境**と**ミクロ環境**に大別できます。

マクロ環境は、間接的に企業のマーケティング活動に影響を当てる諸要因です。その代表的な環境要因をまとめたフレームとして有名なのが**PEST分析**です。PEST分析は、政治（Politics）、経済（Economy）、社会（Society）、技術（Technology）の4つの考慮すべき外部環境を分析対象とします。これらの考慮すべき外部要素が自社のマーケティング戦略にどのような影響を与えるのかを把握・予測するための分析ツールです。

ミクロ環境は、企業がマーケティングを展開する際に直接的に関わる諸要因を指します。具体的には顧客（消費者）や競合他社、供給業者や流通業者などの取引先などが含まれます。このうち、顧客（Customer）、競合（Competitor）、自社（Company）の3要素の分析に焦点を当てた分析フレームが**3C分析**です。顧客ニーズをはじめ顧客に関するあらゆる側面をできる限り正確に理解するとともに、競争環境の把握とライバル企業と比較した自社の相対的な強みや弱みの把握が求められます。

企業を取り巻く環境の機会と脅威を分析する代表的な分析フレームが**SWOT分析**です。競合他社との比較から、自社の能力や資源、あるいは組織特性などの強み（Strength）と弱み（Weakness）を評価します。さらに、外部環境の変化を見極め、自社の能力や資源との関わりから機会（Opportunity）と脅威（Threat）を識別します。これら4つの視点から環境要因を整理して事業戦略の検討を行います。自社の強みを前面に出して機会を味方に付ける**攻めの戦略**だけでなく、弱みを克服し、脅威をいかに回避するかという**守りの戦略**を立案するうえでも役立ちます。

成功する事業や製品は、環境分析をもとに世の中の変化やトレンドをうまく味方に付けています。環境分析こそがマーケティング戦略の第一歩です。マーケティングの課題はどこにあるのか、チャンスはどこにあるのか、競争優位の鍵は何であるのか、これらの識別こそが各種マーケティング戦略の成果を大きく規定します。

環境分析の代表的フレームワーク

PEST分析

P	Politics
E	Economy
S	Society
T	Technology

SWOT分析

	プラス要因	マイナス要因
内部環境	S (Strength)	W (Weakness)
外部環境	O (Opportunity)	T (Threat)

3C分析

Customer
Competitor
Company

STP
Segmentation, Targeting, Positioning

Key Point

- ・マーケティング戦略を実行する土台となるのがSTP
- ・市場を構成する異なるニーズの束をあらゆる軸から識別し、自社が得意とするセグメントを発見して競争を有利に展開するための戦略枠組み

ターゲットマーケティングの戦略枠組み

マーケティング戦略は、環境分析（89 参照）に始まり、STP、マーケティング・ミックスの立案・実行へと続きます。ここでは、マーケティング戦略を実行する際の土台となるSTPについて見ていきます。

ある企業が提供する一つの製品だけで、すべての消費者を満足させることは容易ではありません。かつては、**コカ・コーラ**社の瓶入りコークのように、すべての人に好まれる飲料になることを目標として、市場全体に対して単一の製品を販売していた時代がありました。こうした市場のすべての消費者を対象にしたマーケティングを**マスマーケティング**と言います。

しかし、現代の消費者のニーズは多様で分散しており、一つの製品やサービスですべての消費者を満足させられる時代ではありません。同じ消費者であっても、場面によってニーズは異なります。こうした多様なニーズや嗜好が一つの市場に存在しているのが一般的です。そこで、マスマーケティングに変わり、市場は異質性が強いことを前提とした**ターゲットマーケティング**が現代のマーケティングの主流の考え方になっています。

ターゲットマーケティングでは、市場をいくつかのセグメント（顧客の集団）に細分化して、それぞれに異なる製品やサービスの提供が行われます。それを実現するための具体的な枠組みが**STP**です。セグメンテーション（Segmentation：市場細分化）、ターゲティング（Targeting：標的市場の設定）、ポジショニング（Positioning）の戦略枠組みそれぞれの頭文字を取ったものです。

自社が得意とするセグメントもあれば、他社に有利なセグメントもあります。企業は自社の強みが活かせるセグメントを見つけることで、効果的なマーケティングを打ち出すことができます。

競争を有利に展開するためのSTP

セグメンテーションは、市場を構成している異なるニーズの束を識別し、いくつかのセグメントに細分化することを意味します。セグメンテーションの基準には、人口統計変数、心理的変数、地理的変数、行動・態度変数の4つが代表に挙げられます（表）。

セグメンテーションが進められたら、次に識別された複数のセグメントを評価して、どのセグメントに参入するかについての意思決定、すなわち**ターゲティング**が行われます。セグメントの評価では、セグメントの①規模（顕在＋見込み客の規模）、②収益性、③将来性、④セグメント内の競争状態などを精査して魅力度を測る必要があります。セグメントの魅力度に加え、企業の目的やマーケティング目標、さらには企業が保有する経営資源に深く関連していなければなりません。

マーケティングでは、競合企業に対して差別化や競争優位などの観点から「違い」を訴えることの重要性が強調されます。競合企業に対する独自性や優位性を発揮し得る形で、価値を提供していかねばなりません、ここで、いかなる価値をいかなる方法で提供するかの決定が**ポジショニング**です。製品・ブランド単位で競合ブランドを意識しながら、自社ブランドの独自性と優位性の決定が行われます。

特定のセグメントを選び、そこを標的として独自のポジショニングを形成することは、他企業に対しての差別的優位性を確立することになり、競争を有利に展開することを可能にします。

セグメンテーションの基準

変数名	細分化基準
人口統計変数 （デモグラフィック変数）	性別、年齢、職業、家族構成、世帯規模、学歴等
心理的変数 （サイコグラフィック変数）	価値観、性格、趣味、感性、ライフスタイル等
地理的変数 （ジオグラフィック変数）	国、地域、都市、気候、人口密度等
行動・態度変数 （ビヘイヴィア変数）	購買履歴、購買（利用）頻度、ロイヤルティ等

91 マーケティング・ミックス
Marketing Mix

Key Point

・マーケティング戦略における中心的課題であり、標的市場で顧客に価値ある製品やサービスを提供する一連の仕組み
・製品、価格、流通、プロモーションの４つの要素の最適な組み合わせを検討

手段の最適な組み合わせで効果を最大化

STPの次の段階として、標的市場でマーケティング戦略を実行に移す具体的枠組みが**マーケティング・ミックス**です。企業は定めたマーケティング目標に対して限りある経営資源を用いて、最も効率的に達成すべく、マーケティング諸手段を組み合わせてマーケティングを実施します。その際に使用可能な手段の最適な組み合わせを計画して、効果の最大化を目指す戦略フレームを「マーケティング・ミックス」と呼びます。

通常、企業が実施し得るマーケティング手段は単一ではなく、さまざまな手段を有しています。それらは、伝統的に製品（Product）、価格（Price）、流通（Place）、プロモーション（Promotion）に分けられ、すべてＰの文字で始まることから**4P**と呼ばれています。

・**製品**（Product）……標的市場に対して提供する製品やサービスに関連する諸課題が検討されます。顧客にどのような新製品・サービスを開発するか（新製品開発）、既存製品・サービスをどのように改良すべきか（リニューアル）、ブランド力をどのように高めていくか（ブランディング）、などの課題を検討します。製品コンセプトから品質や機能、デザインやネーミング、パッケージ等の検討もこれに入ります
・**価格**（Price）……製品やサービスの価格設定に関連する諸課題が検討されます。価格の設定にはさまざまな方法があります。製品一単位を提供することにかかる諸費用（コスト）から算出する場合もあれば、競争状況や需要の動向などを考慮して決める場合もあります
・**流通**（Place）……自社が開発した製品を顧客のもとにいかなる方法や経路で届けたらよいのかという課題が検討されます。自社製品を最終消費者の

もとに流通させるために構築する経路を**流通チャネル**と呼び、標的顧客に最適な流通チャネルの設計などの課題をこの領域で検討します

- **プロモーション**（Promotion）……企業が発信するさまざまな情報に関する諸課題が検討されます。顧客や見込み客へどのようなメディアを活用して、どのような表現（クリエイティブ）で情報を伝えれば製品やブランドの認知や理解を深め、共感や好意を醸成できるか、などの課題をこの領域で検討します

このように、マーケティング戦略の中核的な検討内容は、設定したターゲット顧客に対して、顧客が支持してくれる魅力ある製品を適切な価格で提供することに加えて、無駄のない流通チャネルで顧客の手元に製品を効率的に届け、顧客に広く製品の存在や魅力を情報伝達することにあります。

買い手の視点に置き換えた「4C」の重要性

マーケティング・ミックスの4Pは売り手側の見方ですが、買い手である顧客視点に立ってマーケティングの諸手段を組み合わせることが重要です。買い手視点に立つと4Pは表のように4Cとなります。

すなわち、企業が提供する製品に関する諸要素は、顧客のどのようなニーズの「解決（Customer solution）」に繋がるものか、その視点で製品コンセプトの検討が求められます。同様に価格は、顧客が支払うトータルの「費用（Customer cost）」という視点で適切に設定されているかどうか、さらに流通は顧客の購入する手段の「利便性（Convenience）」が考慮されているかどうか、プロモーションは、顧客とのコミュニケーションのあり方が適切かどうか、顧客に製品の価値を確実に伝達するための「コミュニケーション（Communication）」としての視点に立ち検討することが求められます。

4Pから4Cへシフト

4P（売り手視点）	4C（買い手視点）
製品（Product）	顧客ニーズの解決（Customer solution）
価格（Price）	顧客のコスト（Customer cost）
流通（Place）	利便性（Convenience）
プロモーション（Promotion）	コミュニケーション（Communication）

92 製品・ブランド戦略
Product / Brand Strategy

Key Point

- マーケティング・ミックスの中核的役割を担い、事前に決められた市場（ターゲット）に対し、提供すべき価値を具体的な製品やサービスに具現化
- 製品戦略では「新製品開発」に加え「ブランド構築」も重要な取り組み

マーケティング・ミックスの中核

企業や組織が存続して成長していくためには、顧客に対して価格に見合った付加的な価値を提供し続けることが不可欠です。その役割を担うのが製品戦略（Product）です。製品戦略は、提供すべき価値を具体的な製品やサービスに具現化していく**価値創造**を担うことより、マーケティング・ミックスの中核的役割を果たします。

もしも、ある企業が提供する製品やサービスのすべてが衰退期を迎えているのならば、存続や成長し続けることは難しく、新たな製品やサービスの開発が求められます。これが**新製品開発**であり、競争優位の基盤となる活動です。新製品の市場導入は容易ではなく、マーケティング目標を達成できず短期間で市場から撤退する新製品は少なくありません。市場が成熟した現代では、新製品開発の重要度と難易度はますます高まっています。

新製品開発は、通常、大きく６つのプロセスに分けられます（図）。起点は、具体的な①**アイデアを創造**する段階です。アイデアの源泉は多岐にわたり、自社の研究開発部門やマーケティング、営業といった組織内からアイデアが生み出されるケースもあれば、顧客や取引先、競合企業など組織外からアイデアを集めるケースもあります。

収集されたアイデアは、次に②**スクリーニング**で取捨選択されます。マーケティング目標や開発コスト、実現可能性などの観点から有望なアイデアに絞られます。

スクリーニングを通過した複数のアイデアは、③**事業性の評価**へ進みます。潜在的な顧客の数や収益性などさまざまな視点からシミュレーションされます。

事業化の目途が立ったところで、製品コンセプトを具体的な製品へ落とし込

む④**試作品の開発**に入ります。技術、生産、マーケティング、営業・販売など複数の部門間での調整が行われます。

試作品が完成すると、⑤**テストマーケティング**が実施されます。全国発売に先駆けて、発売期間や発売地域等を限定して市場の反応を把握し、修正等が行われます。ここでの反応を見て、見込みのある新製品が、実際に⑥**市場へ投入**されることになります。

競争優位をもたらすブランド開発

製品戦略では、新製品開発に加え、**ブランド構築**も重要になります。製品開発とブランド構築は実体的に別個のものであり、製品開発が**モノの開発**であるのに対し、ブランド構築は**意味の開発**（モノへの意味付け）です。

いくら性能や品質的に優れた製品でも、強いブランド力を有した製品であるとは限りません。ブランドを構築するには、そのブランド固有の意味やイメージを形成し、それを買い手の頭の中に創造する必要があります。ブランドの本質は自社製品と他社製品とを区別する機能にあり、それを実現するのは、**ネーム**、**ロゴ**、**スローガン**、**ジングル**、**パッケージ**、**キャラクター**の６つの要素です。

ブランドを単なる製品を区別する手段としてではなく、競争優位をもたらす価値ある資産として捉えるのが**ブランド・エクイティ**です。ブランド論の大家であるデービッド・アーカーによれば、ブランド・エクイティは「あるブランド名やロゴから連想されるプラスの要素とマイナスの要素との総和」であり、その主な構成次元として、①ブランド・ロイヤルティ、②ブランド認知、③知覚品質（品質イメージ）、④ブランド連想、⑤その他のブランド資産（特許、商標等）の５つを挙げています。

新製品開発のステップ

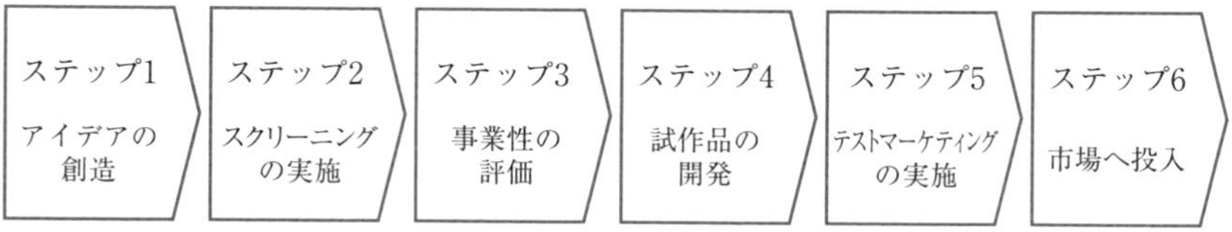

ステップ1	ステップ2	ステップ3	ステップ4	ステップ5	ステップ6
アイデアの創造	スクリーニングの実施	事業性の評価	試作品の開発	テストマーケティングの実施	市場へ投入

価格戦略
Price Strategy

Key Point

- 価格の決定は、コスト志向型、需要志向型、競争志向型の３つが代表的であり、製品の特性や競争の程度等によって検討
- 小売業が設定し得る価格は、消費者の心理を考慮したものを中心に多種多様

経済学の価格決定

「マーケティングは非価格競争に特徴がある」と言われます。**非価格競争**とは、安売り・値下げで競争するのではなく、それ以外の要素で製品やサービスの差別化を図り、顧客を獲得していく競争を意味します。価格戦略は売上や利益など経営を左右する重要な要素であり、ブランド・イメージにも大きな影響を与えます。

一般的に経済学では、価格の決定は需給関係により決定されると説明されます。需要量と供給量とが一致するように価格が決められる、という枠組みを基本として、ある特定の財に対する需要量が供給量を上回れば、価格は上昇します。反対に需要量が供給量を下回れば、逆の経路をたどり、最終的に需要量と供給量が一致したところで価格が形成されます。これは、完全競争市場が市場において確立していることを想定したものです。ここでは、現実に企業が市場対応するために取り得る価格決定の方法について見ていきます。

価格決定の３つの方法

製品に付けられる価格は、当然ながら売り手である企業に利益を生み、しかも買い手が購買意欲を示す範囲内で設定されなければなりません。そうであれば、価格の下限はコストであり、上限は競争相手の価格や買い手が知覚する価値によって決定されていきます。企業による価格設定の方法は大きくは3つあります。

ある一定の利益率や利益額をコストに加えて価格を決定するのが**コスト志向型**の価格設定（コストプラス法）です。原材料費や加工費など製品を製造・販売するのにかかった直接費（変動費）に企業の維持や運営に関わる間接費（固定費）と一定の利幅を加えたものを価格とする方法です。

これとは異なり、需要面つまり価値に対する買い手側の知覚に基づいて適正価格を見極めた価格を設定するのが**需要志向型**の価格決定です。消費者の製品やブランドに対する価値観など心理的要因で価格が左右されるのが特徴です。価格の変動に対する需要の反応の度合い（これを価格弾力性と呼びます）は実にさまざまです。**価格弾力性**は、価格が１％変化したときに需要量が何％変化するかを示す値であり、これが1より大きい場合は需要は弾力的（変動する割合が高い）であるとされ、1より小さい場合は需要は非弾力的とされます。

価格設定の３つ目の方法が、競合企業の価格を考慮した**競争志向型**の価格決定です。コストや需要ではなく、競争企業の製品の価格に価格設定の方針を置く場合も実際には多く見られます。実際に市場で売買される「実勢価格」を重視する方法であり、競合企業の製品よりも低価格に設定することもあれば高価格に設定することもあります。通常は、業界におけるリーダー企業の価格に他企業が追随するというパターンが多く見られます。

表は小売業が設定し得る価格戦略についてその代表を挙げたものです。その多くが買い手（消費者）の心理を考慮した価格戦略であり、実に多種多様です。

小売業が採用する価格戦略

慣習価格	ある商品に対して、長年にわたって消費者の意識の中に定着している価格を設定し、顧客を安心させる価格戦略
端数価格	98円や990円など、きりのよい価格から少し値引いた価格で価格差以上の割安感を感じさせる価格戦略
段階価格	異なる商品の値段を品質や容量など内容に応じて、3段階程度の価格帯を設定する価格戦略
均一価格	仕入れ価格の異なる商品を、同一の価格で販売する戦略。100円ショップや300円均一などがその代表例
特別価格	目玉商品として特定商品を仕入れ価格を下回るような安い価格を設定する戦略
名声（威光）価格	ある商品の品質の高さやブランド力の高さを示すために、あえて高い価格を設定する戦略
抱き合わせ価格	ある商品と違う商品をセットで販売することで、割安感やお得感を与える価格
EDLP	エブリデーロープライスとして、商品や日時に関係なく、常時低価格で販売して消費者を安心させる価格戦略
High & Low Price	日替わりや週末特価など一定期間の値下げを行うことで集客する価格戦略

流通戦略
Place Strategy

Key Point

- 流通は生産と消費の間に存在する懸隔（へだたり）を埋めたり調整する社会的機能を有し、経済を円滑に循環させる役割を担う
- 個別企業が採用する流通チャネルの設計が流通戦略の重要なテーマ

流通の社会的機能

「流通」という言葉には、大きく分けて2つの意味があります。一つはマクロな視点による社会経済システムという意味合いで、もう一つはミクロな視点からの個別企業による自社製品の**流通チャネル**という意味合いです。

社会経済システムとしての流通は、生産と消費との間の懸隔（へだたり）を埋めたり、調整する社会的機能を有します。生産と消費との間に存在する主な懸隔は、生産と消費の場所的懸隔、時間的懸隔、数量的懸隔があります。つまり、流通は次のような具体的な機能を担っています。

- 場所（空間）的調整機能……生産地と消費地との間の空間的ズレを調整する機能
- 時間的調整機能……生産と消費の時間的ズレを調整する機能
- 需給調整機能……供給量と需要量との数量的ズレを調整する機能

このような生産と消費との懸隔を埋めたり調整するための流通機能が作用しなければ過度なモノ不足や過剰の経済を発生しかねません。つまり、経済の円滑な循環にとって流通は重要な社会的役割を遂行しており、これを主に担うのが卸売業と小売業です。流通業が上記の流通機能を遂行するために実行する流通活動は、以下の3つに大別できます。

① 商的流通活動……流通活動の最も中心・基本的な活動で、取引（売買）活動を通じて所有権の移転をもたらす活動（仕入れ、販売、売り場管理等）

② 物的流通活動…・商品の物理的な移動や管理のための活動（輸送、保管、荷役活動等）

③ 情報流通活動……商的流通活動と物的流通活動それぞれの活動に伴って発生する情報処理に関する活動（受注処理、データ管理・分析等）

生産者と小売業の間に卸売業が介入するのは、**取引総数最小化の原理**で説明できます。これは、生産者と小売業が直接取引する場合に比べ、その間に卸売業が介在する場合の方が、受発注業務をはじめとする取引数が減少でき、その結果物流コストなどの流通コストが削減されるという原理です（図）。広く分散している生産者と小売業を物理的に連結してくれる卸売業なくして円滑な商品流通はなし得ません。

流通チャネルの選択

流通のもう一つの捉え方が、個別企業が採用する流通経路です。生産者であるメーカーは、自社製品を最終消費者にどうやって届けることが最も効率的・効果的であるかという視点から流通チャネルを形成します。

メーカーの流通チャネルは以下のようにその類型を大別できます。

・**開放的流通チャネル**……食料品や日用品などの購買頻度の高い**最寄品**を開発する生産者は、自社商品をできるだけ消費者に近接している小売業に配荷することが必要なため、多数の卸売業と取引し、多数の小売店に対して開放的に商品流通させるチャネル政策

・**選択的流通チャネル**……生産者が卸売業や小売業を選択して、自社製品を流通させるチャネル政策。家電や自動車など特別な専門的サービスや保証を求める**専門品**、あるいはファションブランドなど複数の店舗を巡回して購買を決定する**買回品**を開発する生産者が採用するチャネル政策

流通チャネルは環境の変化によって変革を余儀なくされるケースもありますが、一般的にはかなり長期的、固定的に維持されるので、それだけに長期的な視点からマーケティング目標・計画のもとに設定しなければなりません。

取引総数最小化の原理

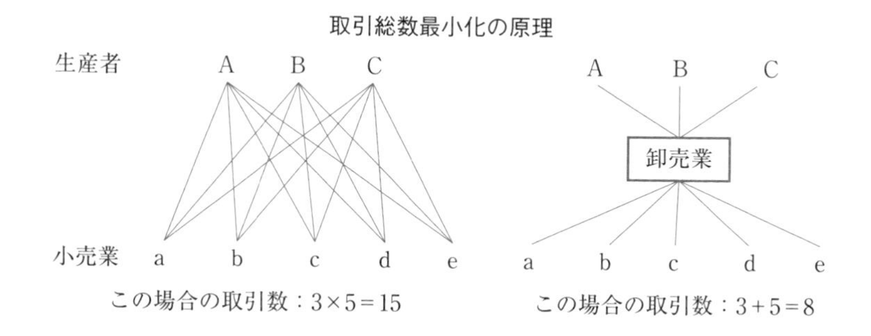

95 プロモーション戦略
Promotion Strategy

Key Point

・製品やサービス、そして企業自体に関するあらゆる情報伝達活動
・プロモーションを成功に導く鍵は、マーケティング目標とターゲット特性を踏まえ、プロモーションの４つの手段を有機的に組み合わせることにある

情報訴求・イメージ形成・販売促進を実現

企業がいかに魅力ある優れた製品を開発しても、消費者にその存在を知ってもらわなければ売上には結び付きません。さらに、その特徴やブランドの世界観を消費者に正しく理解してもらわなければ、市場で有利な競争を展開することは困難です。マーケティング・ミックスにおける**プロモーション**が重要とされる理由はここにあります。

企業は市場に向けて、あらゆる情報を発信するとともに消費者とのコミュニケーションを重ねていく中で、製品やブランドの認知度や理解度、そして好感度を高めていくことが重要です。プロモーションの役割は、大きくは３つあります。

① 消費者あるいは見込み客に対して、製品やサービスに関する情報を伝達する、いわゆる情報訴求としての役割
② 製品やサービス、ブランドへの好意や良好なイメージ形成ないしシンボル訴求としての役割
③ 消費者ないし見込み客の購買意欲に直接的に刺激を与えて販売を促進する役割

４つの活動の有機的組み合わせが鍵

プロモーションは広告、パブリシティ、人的販売、セールスプロモーションの４つの活動から構成されます。まず、プロモーションの代表格である**広告**（Advertising）は、ラテン語の advertere（振り向かせる、関心を向けさせる）を語源とします。単に情報を発信するだけでなく、消費者の興味・関心を持たせる技法で振り向いてもらうという本来的な意味が込められています。広告は、広告主が明示されていること、非人的な媒体を用いること、有料であること、とい

う点が他のプロモーション活動と区別される点です。広告は**時代を映す鏡**と言われます。単に情報を伝え、販売を促進するためのメッセージではなく、ときに流行や文化を作り、生活に潤いをもたらす機能も有します。

パブリシティとは、企業や組織が自社の活動内容や最新のトピックに関する情報を報道機関（新聞社やテレビ局など）に提供し、報道（ニュース）として伝達されるように働きかける活動を意味します。広告と異なり無料のため、報道機関の番組や記事でそれを取り上げられる保証はありません。客観的評価こそがパブリシティの信憑性を高めるものであり、ときに広告以上に消費者の関心や注目を高める効果があります。

人的販売とは、販売員を媒体として行われるコミュニケーション活動全般を指します。人間が行う活動であるため、顧客のニーズや状態に応じたきめ細かいコミュニケーション活動を可能にするというメリットがあります。したがって、住宅や自動車などの高額商品の販売や産業財のマーケティングにおいて、人的販売の有効性は高くなります。

セールスプロモーションは、消費者や見込み客に対し、直接購入を促進させるために用いるコミュニケーション活動を指します。たとえば、クーポンやキャッシュバック、あるいはノベルティ（景品）を付けたプレミアム、試用を促すサンプリングや内容量を増やした増量パックなどが挙げられます。

プロモーションを成功に導くためには、各種手段の特徴を理解したうえで、マーケティング目標とターゲットとなる消費者の特性に合わせて、これらを有機的に組み合わせることが重要です。

プロモーションの４機能

広告	身元が明示された広告主が、人的な媒体を用いず、製品やサービス、アイデアあるいは組織そのものについて必要な情報を伝達する有料のコミュニケーション活動
パブリシティ	報道機関の番組や記事で自社の情報が伝達されるように働きかける活動
人的販売	人間を媒体として行われるコミュニケーション活動
セールスプロモーション	消費者や見込み客に対し、直接購入を促進させるために用いるコミュニケーション活動

96 サービスマーケティング
Service Marketing

Key Point

・サービスは顧客の欲求を充足するために金銭の対価として提供される活動
・サービス業が展開するマーケティングは、製造業（メーカー）が展開するマーケティング・ミックスに比べ、３つの要素が追加される

サービスの４つの特性

私たちは日常的にさまざまなサービスを消費しています。サービスは「顧客の欲求を充足するために金銭の対価として提供される活動（行為）」を指します。サービス業は、顧客の要望に応じて、情報や技術、知識等を提供しています。

サービスの本来的な意味は「奉仕する・仕える」であり、見返りを求めない非金銭的な活動です。取引を前提としたサービス財について、ここではその特徴を見ていきます。

サービスは、製品（モノ）の取引と異なり、売り手から買い手への所有権の移転はありません。所有権に代わり、そのサービスや施設を利用する権利（利用権や使用権）に対して対価を支払います。

サービスはいくつかの特性によって、製品と区別することができます。サービスの基本特性は以下の４つです。

① **無形性**……有形財と異なり物理的な形や姿を伴わない。形がないため、購入前に顧客が実際に見たり触れたり手に取ったり、味わうことはできない

② **同時性**……生産と消費が同時に行われる。売り手と買い手との間に相互制御関係が生じる

③ **異質性**……提供する品質にバラツキ（異質性）を伴う。製品のように品質の標準化を図ることが難しい

④ **消滅性**……生産・消費されるとその後は姿かたちを残さず消滅するので保管・在庫することはできない

サービスマーケティングの7P

4Pにおけるマーケティング・ミックスは、暗黙的に製品（メーカー）を対象としたマーケティングの構成要素です。サービス財を対象としたサービスマーケティングでは、4Pに新たに以下の3つの要素を加えた「7P」のフレームワークで捉えられ、これらはどれも顧客のサービス品質の知覚に強く影響を与えます。

People（参加者）はサービスを提供する従業員を指します。サービス提供者の優れた能力や接客スキルそれ自体が差別化に繋がります。スキル・能力の向上に加え、モチベーションの向上・維持に努めることも不可欠です。**従業員満足（ES）**を高めてスキルや業務効率を高めていく取り組みを**インターナルマーケティング**と呼びます。

Physical evidence（物的な環境）は、サービスを提供する場における物理的な要素を指します。具体的には店舗の内装やテーブル、ソファなどの設備、備品、食器など、顧客がサービスを提供される空間で目にする、触れることができるすべてのものが該当します。この物的な環境の良し悪しがサービス品質に大きな影響を与えることから、サービス業にとって重要な要素です。

最後のProcess（プロセス）はサービスが生産されてから提供し終えるまでの一連の手続きや流れを指します。店舗内でサービスを提供する企業であれば、顧客が来店してから着席、サービスの提供、支払いといったそれぞれの段階においてサービス品質を向上・維持する取り組みが求められます。

サービスマーケティングの7P

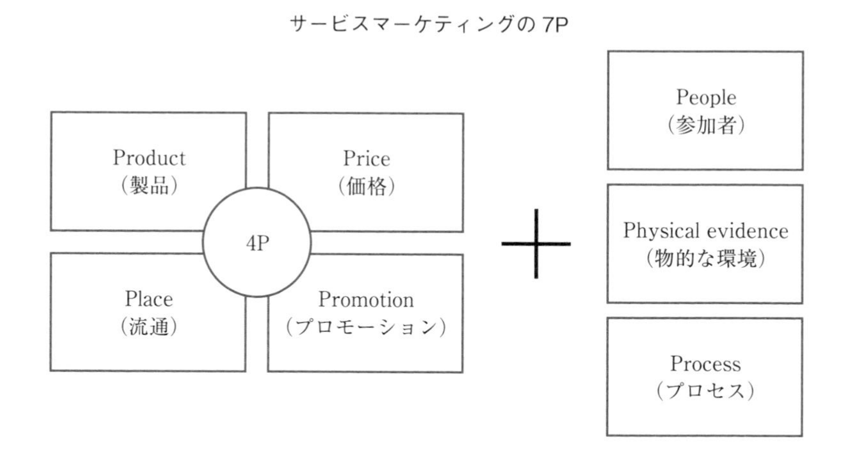

97 消費者行動
Consumer Behavior

Key Point

- 効果的なマーケティング戦略の遂行には、消費者行動の分析と理解、さらに行動を導く心理的側面の洞察が不可欠
- SNS の普及は購買意思決定や消費者行動に大きく影響し、新しい消費が台頭

購買意思決定の 5 つのプロセス

消費者行動の分析と理解は、マーケティングの土台をなすものです。これを見誤ると、適切でないマーケティング戦略に大量のコストを投入することになります。効果的なマーケティング戦略を実行するうえで、消費者行動の正確な理解に加え、行動を導く心理的側面の洞察も欠かせません。ここでは、消費者の行動意思決定プロセスに沿って、消費者行動の基本を見ていきます。

私達は、購買可能な製品・サービスの中から最良のものを選ぼうとします。このような日常生活で行っている決定を**購買意思決定**と呼びます（図）。購買行動をプロセスとして捉えると5つのステップで捉えることができます。

購買行動を始めるきっかけが**問題認識**です。これは、生活の理想とする状態と現実の状態との間にギャップがあるとそれが問題として認識されます。消費者は問題を認識するとそれに対する解決策を探すことになります。たとえば、外出中に喉の渇きを感じた消費者は、理想の状態として乾いた喉を潤すために、自動販売機や小売店で購入する飲料を検討します。これが第2のステップの**情報探索**です。続いて、飲料の複数の銘柄について、多岐にわたる製品属性（味や価格、量、ブランド、メーカー、カロリーなど）を取得し、過去の経験（記憶）も踏まえた**選択肢の評価**が行われ、最良と判断した銘柄が選ばれます。この段階を経て、ある特定の製品やブランドが**購買**（選択）されます。ブランドの購買は、常に事前の購買意図の通りに行われるとは限らず、購買環境の状況や購買条件に影響されることになります。

意思決定プロセスは製品を購入した後の段階まで続いていきます。購買後に行われる**購買後評価**は消費の中で形成されていきます。ここでの評価は、購買した製品の満足・不満足という形で、記憶の中に知識（内部情報）として蓄積さ

れ、次回以降の購買意思決定に影響を与えることになります。

消費者の購買意思決定は反復的に行われる中で、関連情報を記憶に蓄積していき、経験の助けを借りながら各プロセスにおける複雑な情報処理を単純化していくことになります。

変わりゆく購買行動

現代では、「購買後評価」はSNSやWebでの口コミ（UGC：ユーザー生成コンテンツ）として、他の消費者の購買意思決定に大きな影響を与えます。現代は、「第三者を介した情報の方が企業から直接伝えられる情報よりも信頼性を増す」という心理状態になりやすく、これを**ウィンザー効果**と呼びます。この効果は現代のビジネスで重要なキーワードとなり、利害関係のない人の情報、とりわけ自分が信頼している人や憧れている人の情報や噂話は信憑性を高める可能性が高いことが背景にあります。

また、現代は、**パルス型消費**と呼ばれる購買行動が広まっています。これは、とくに目的や問題意識もない中で、自由な時間にスマホを操作しながら、瞬間的に買いたい気持ちになり、瞬間的に買い物を終わらせる購買行動を指します。SNSがコミュニケーションのツールとしてだけでなく、商品やサービスの購入のきっかけとして大きな役割を担っている現代では、消費者行動は大きな変化を遂げています。

時代がどんなに変わっても、マーケティングにおいて消費者が重視される点はこの先も変わることはありません。なぜなら、顧客や消費者への適応こそがマーケティングの最重要課題であるからです。したがって、企業のマーケティングにおける消費者行動の分析は、これからも中心的な役割を担っていきます。

消費者の購買意思決定プロセス

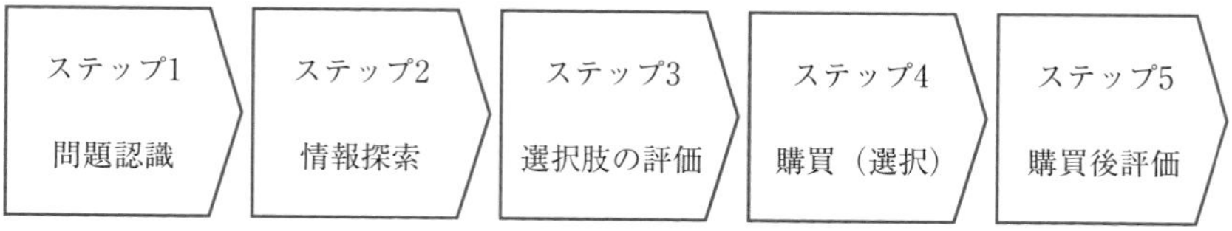

ステップ1	ステップ2	ステップ3	ステップ4	ステップ5
問題認識	情報探索	選択肢の評価	購買（選択）	購買後評価

98 顧客満足
Customer Satisfaction

Key Point

- マーケティングの諸活動は、一貫して顧客満足を理念としながら展開
- 顧客満足は、顧客が抱く購買前の期待の大きさと、購買後に感じた喜びや不満、感動や失望といった主観的評価との相対によってその水準が決定

企業の使命は顧客を満足させること

顧客満足の向上が重要な経営課題として広く認識されるようになりました。マーケティングの諸活動は、一貫して顧客満足を理念としながら進めていくことが大切です。企業の成長を保証してくれるのは、蓄積した利潤ではなく、顧客の存在そのものです。顧客がいる限り事業は継続することができます。反対に、利潤があっても顧客がいなくなれば、倒産は時間の問題です。

ピーター・ドラッカーは「顧客を満足させることこそ、企業の使命であり目的である」と言いました。対価を支払った製品やサービスに顧客満足がなければ、顧客はすぐにでも当該製品・サービスを見限って離れていきます。フィリップ・コトラーは、顧客満足について「買い手の期待に対して製品の成果がどれほどであったかによって得られる、個人の喜びまたは失望の感情」と定義しました。

顧客満足の期待効果について、ユージン・アンダーソンらが過去の研究を整理しており、それによると代表的には以下の効果が示されています。

【顧客満足の期待効果】

- 顧客ロイヤルティの上昇（再購買を促進し、将来収益の上昇が期待）
- 価格弾力性の低下（より高い価格を払う意思があり、高収益に繋がる）
- 購入頻度と購入量を増加
- 取引コストの低下（同じ企業の他の製品やサービスも購入しやすい）
- 新製品やサービスの成功確率の上昇（失敗リスクを低下）
- ポジティブな口コミの発生（ネガティブな口コミを抑制）
- 新規顧客の獲得にかかるコストの低下
- 企業の評判・名声を向上

顧客満足のメカニズム

顧客満足は、これほどにも多くの効果が期待されます。顧客満足度を上げる努力は、当然ながら不満足度を下げることにも繋がります。顧客満足のレベルは大きくは次の3つに分けられます。満足している**プラス満足**（サティスファクション）、これとは反対に満足度が低く、不満や怒りの感情を有している**マイナス満足**（ディスサティスファクション）、満足でも不満足でもない**ゼロ満足**（アンサティスファクション）です。

マイナス満足の顧客に対しては、怒りを鎮火する、マイナスをゼロに修復する対応が求められます。「悪事千里を走る」という諺にもあるように、ネガティブな話や噂はより多くの人に、より早く、そしてより大きく伝わるという傾向があり、とくにネット社会の現代ではこの傾向が顕著に見られます。

とりたてて不満はなく苦情を申し立てることもないが、満足もしていないゼロ満足への対応も大切です。ゼロ満足の顧客は、製品や企業に対して関心や愛着が強くないので、次も同じ製品・ブランドを選ぶ可能性は高くありません。一定の比率を占めるゼロ満足の「声なき声」をいかに聞き取り、ゼロ満足からプラス満足へ転換させるかという点がマーケティングの重要課題の一つです。

顧客満足に影響を与える要素は3つあります。事前に抱く**期待**、実際に製品やサービスを消費して感じる**知覚品質**、そして製品やサービスの品質の評価と支払った金額に対する納得感である**知覚価値**です。そして、顧客満足によって得られる効果が口コミをはじめとする推奨意向とロイヤルティです。顧客満足を高めることで好意的な口コミが広がり、ロイヤルティが高まり、プラス満足のファンを獲得することに繋がります。

顧客満足に影響を与える要素と期待効果

期待	製品やサービスの品質に対する事前の予測
知覚品質	製品やサービスを消費して感じる品質への主観的評価
知覚価値	消費した製品やサービスの品質の評価と支払う金額に対する納得感
顧客満足	製品やサービスを消費して感じた満足の度合い
推奨意向	製品やサービスの知覚した品質や価値について、肯定的に人に伝える意向の度合い
ロイヤルティ	製品やサービスに対する信頼や愛着の度合い

関係性マーケティング
Relationship Marketing

Key Point

- 顧客との関係は、今や企業の重要な資産であり、これを創造し、維持することを中心的な課題と位置付けたマーケティング
- 顧客生涯価値（LTV）をいかに向上させ既存顧客を維持するかが中心課題

企業の安定収益を支える関係性マーケティング

「顧客との関係」を企業の重要な資産と考えるマーケティングが主流になっています。産業財のみならず、一般消費財においても顧客との長期継続的な関係に関心が向けられるようになっており、これを「関係性（リレーションシップ）マーケティング」と呼んでいます。関係性マーケティングでは顧客との関係を創造し、維持することを中心的な課題とします。ここでいう顧客との関係は、一回ごとの取引の積み重ねではなく、長期的に持続する相互依存的な関係と捉える点に特徴があります。

1：5の法則として知られるように、新規顧客を獲得するのに必要なコストは、既存顧客を維持するのに必要なコストの5倍と言われます。顧客と長期的な関係を構築していくことで、新たな顧客を獲得するためのコストを大幅に削減することが期待されます。

既存顧客は、中長期的に商品やサービスを購入し続けることで、企業にとって安定した利益をもたらす存在となります。長期的な取引によって信頼関係が得られた際には、取引相手が機会主義的な行動を取るなどのリスクや販売に関わるあらゆる取引コストが低下することも知られています。

良好な関係による信頼関係をもとに、新製品・サービスの開発や導入のための思い切った投資などができるようになります。顧客との長期的な関係性の中で、顧客ニーズやその変化を捉えていくことが可能になります。それによって、新たな販売機会を見いだすことが可能になります。製品やサービスの改良・改善に顧客の声を取り入れたり、良好な関係が築かれていることで、アップセリングやクロスセリング（ともに 17 参照）を通して顧客単価の向上が期待されます。

顧客生涯価値（LTV）の向上が中心課題

一人の顧客との長期間の取引の中で、顧客が企業にもたらす利益のことを**顧客生涯価値**と呼びます。「Life Time Value」の頭文字を取って**LTV**とも呼ばれ、長期的な企業経営を実現するうえで重要な指標です。顧客生涯価値をいかに向上させ、既存顧客を維持していくか、という点が関係性マーケティングの中心課題です。

顧客との長期的な関係性の構築には、自社の製品・サービスに対する顧客満足度を高め、その購買の継続を促すことが何よりも大切です。長期的な関係性においては、同じ品質（グレード）での製品・サービスを提供し続けると、顧客は期待と知覚品質や知覚価値が一致していき、顧客満足は低下していくことが少なくありません。製品・サービスの品質やあり方を絶えず見直していき、期待を上回る成果を提供し続けることが関係性構築に求められます。

さらに、顧客の離脱を防ぎ、自社製品・サービスの継続を促す努力も欠かせません。長期継続におけるインセンティブを設けたり、顧客の利用を支援するカスタマーサクセスを行うなど**スイッチングコスト**を形成する努力が求められます。また、伝統的に産業財の取引で重視されてきたのが信頼関係です。強固な信頼関係を構築することは長期的な関係性の構築に不可欠です。消費財でも同じです。信頼は、人や組織などのあらゆる重要な関わり合いにおける最も大切な要素となります。

このような顧客との関係性は、マーケティング・ミックスによって作り出されますが、一方的に構築されるわけではなく、関係性の程度によってマーケティング・ミックスの効果や効率性は大きく影響されることになります。

顧客との関係性とマーケティング・ミックスの関係

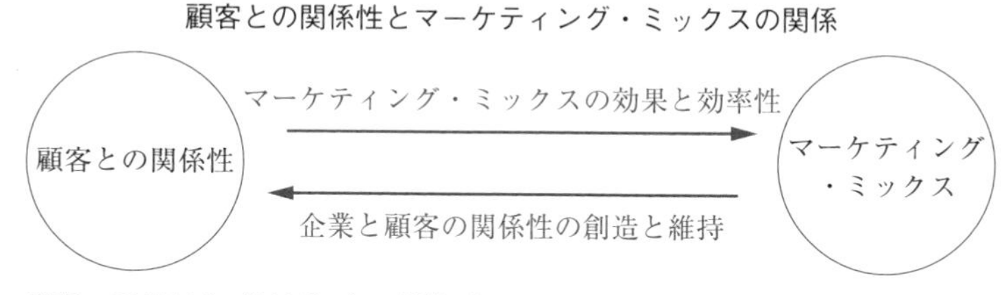

出所：石井ほか（2004）を一部修正

100 CRM
Customer Relationship Management

Key Point

- 「顧客との関係」は、今や企業の重要な資産であり、顧客情報と購買履歴等に応じて、顧客を適切に識別するCRMの重要性が高まる
- 顧客データを体系的に管理することで、顧客との良好な関係性の構築・継続を実現

顧客一人ひとりの顔が見えるCRM

いつの時代もマーケティングの主要な関心は、製品やサービスの利用者である顧客の思いや行動を知ることです。それによって企業は顧客の要求を予測し、よりよいサービスに備えることができます。このことが、既存の顧客の満足度やロイヤルティを高め、継続的な取引関係を構築します。

これがCRM（Customer Relationship Management：顧客関係管理）の考え方であり、企業経営における重要な指標として多くの企業が取り入れています。CRMは、顧客の基本情報や購買データなどを体系的に管理・活用し、顧客との良好な関係性を構築・継続するための一連の取り組みを指します。企業はCRMの取り組みによって、製品やサービスの継続的な利用を実現することで収益の拡大を図ることが期待されます。

CRMの本質は、顧客一人ひとりの特性や好みなどを把握し、それにきめ細かく対応することで顧客の利便性と満足度を高めることにあります。かつて、顧客と個別の関係を持つことができるのは、顧客の顔を見ながら商売ができた個人商店や中小企業に限られました。

一方、大企業では、顧客と直接的に接触することは容易ではありませんでしたが、近年のインターネットやデジタル技術の進展により、大企業でも顧客一人ひとりと結び付き、深い次元での顧客理解が可能になりました。身近な例では、私たちが普段利用しているポイントカードの存在によって、企業は「誰が」「いつ」「何を」「どの店舗で」「どれくらい買ったか」、といった一人ひとりの顧客と紐付いた購買履歴を蓄積することが可能になりました。これによって、顧客理解に基づいた店舗の品揃えや売り場づくり、さらには新製品の開発に繋げるなど新しいマーケティング施策の検討が可能になりました。

企業の成長を支える優良顧客の識別

CRMでは、顧客情報と購買履歴等に応じて、顧客を適切に識別する、という点が出発点になります。顧客を正しく識別することによって、それぞれの関係性に応じた適切なマーケティング施策の展開が可能になります。すなわち、自社の商品やサービスを購入している顧客を正確に識別し、さらに顧客を一人ひとりの「個客」として理解します。

CRMでは、見込み客の中から、中長期的に自社にとって収益性の高い**優良顧客**を見つけ、育成して、維持していくことが重視されます。優良顧客を識別するための手段としてデシル分析やRFM分析などが用いられます。

CRMはこのような観点から識別されたグループ（セグメンテーション）に対し、それぞれに応じてサービスレベルを変えたメリハリのあるマーケティング施策を展開していくのが特徴です。自社の存続・成長に必要な優良顧客には手厚い対応を、そうでない顧客には対応コストの削減を徹底することで、経営資源の適正配分を実現します。長期的に顧客と企業の双方がwin-winの関係を構築するための施策と言えます。

一方でデジタルサービスにおいては、優良顧客の識別はここで示した限りではありません。購買金額などの取引データのみならず、ポジティブな口コミを投稿する顧客であったり、多くのフォロワーを有するインフルエンサーなどSNSやネット上で影響力のある人々にも目を向けることが重要です。

CRMのプロセス

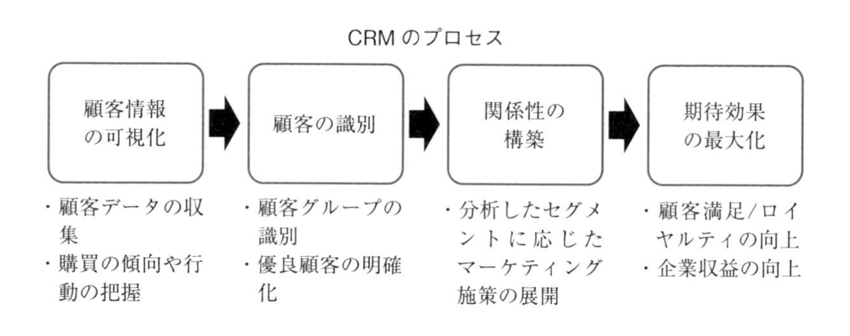

おわりに

本書を最後までお読みいただきありがとうございます。

いつの時代もビジネスで成功を収めるのは、「売れる仕組み」にいち早く気付き、実行した企業や人です。

変化への対応が企業にとって一番大切です。世の中の変化の中で、マーケティングの道具や手法はこの先もどんどん変わっていくでしょう。マーケターは、変化にいち早く気付き、それへの対応ができるよう、市場や技術の動向に常に気を配っていなければいけません。

デジタルを味方にしながら、時代の半歩先を見据え、「人々は何に喜び、何に感動し、何に『不』(不満や不安、不足、不便など)を感じているのか」という点を究明することで、新たな成長機会を見いだすことが可能になります。

先が読めない時代になりました。市場の不透明感が強まる中で、少しでも見通しを高めるべく洞察力を強化していくマーケティングがこの先ますます求められていきます。

新しい未来を想像しながら、従来にない発想やイノベーションに挑み、これまでとは異なる未来の価値を創造していく「攻めのマーケティング」を多くの日本企業が展開し、来たるべき新しいデジタル経済のステージで日本企業の存在感が高まることを切に願っています。

本書を執筆するきっかけとなったのは、「マーケティングがこの先どのように進んでいくのか、その輪郭がおぼろげながらでも見えることができる本をまとめて欲しい」といった声でした。

それは、アメリカと中国の先進的なマーケティング事例を紹介した『米中先進事例に学ぶ　マーケティングDX』(すばる舎)という本を上梓した際に、日頃お付き合いしているメーカーや流通業のマーケティング担当者や人事の社内教育担当者の方々からいただいたものです。

本書で紹介した多くのキーワードが新しい技術や分野であり、まだまだ法律や制度が追い付いていない面もありますが、今後の成長が期待できる新たなフロンティアです。新しい分野に取り組むことは企業の成長の原点と言えます。

新たなフロンティアで「攻めのマーケティング」を展開するうえで大切なことは「失敗をとがめない組織風土」を育むことです。日本企業は前例のないチャレンジに対してリスク回避思考が働きやすく、0から1を生み出す創造性やイノベーションが発揮されにくい傾向にあります。

さらに、多くの日本企業はドメイン（事業領域）を限定し、そこから出ようとしませんが、世界で競争力を有するデジタルネイティブは一つのドメインにとどまっていません。持続的に既存ビジネスに磨きをかけながらも、一方で新しいビジネスの種を蒔き続けているわけです。

アメリカや中国のデジタル経済を動かしてきたのは、失敗を恐れず冒険的に新しい事業に挑んできた若者です。日本企業がデジタル経済で存在感を発揮していくためには、経営者や上層部が「新しいことに挑戦する組織風土」を整えることが重要だと考えます。失敗を恐れず、試行錯誤や再挑戦を試みることを奨励することが強靭な企業体質や組織風土を作り上げることになります。

本書が、日本企業がデジタルを味方としたマーケティングを展開するきっかけとなり、さらには新しいフロンティアへ取り組むための一助になれば望外の喜びです。

本書の執筆の機会をくださった、八千代出版の代表取締役、森口恵美子さんと編集部の井上貴文さんに心より御礼を申し上げます。

本書の骨子となる内容は、これまでの多くの方々のご指導、ご支援の賜物であり、心から感謝の意を表する次第です。そして、筆者を支えてくれている家族にも御礼を述べます。

最後になりましたが、本書を手に取ってくださった読者の皆様に心からの御礼と感謝の念を込めて筆を置かせていただきます。

宮下 雄治

主要参考文献

青木幸弘／恩藏直人編（2004）『製品・ブランド戦略（現代のマーケティング戦略①）』有斐閣
青木幸弘／上田隆穂編（2009）『マーケティングを学ぶ（下）―売れ続ける仕組み―』中央経済社
青嶋稔（2021）『リカーリング・シフト―製造業のビジネスモデル変革―』日本経済新聞出版
有馬賢治／岡本純編著（2019）『マーケティング・オン・ビジネス』新世社
アンダーソン, クリス著、小林弘人監修、高橋則明訳（2009）『フリー―〈無料〉からお金を生みだす新戦略―』NHK 出版
EY アドバイザリー・アンド・コンサルティング（2017）『VR・AR・MR ビジネス最前線（日経 BP ムック）』日経 BP
石井淳蔵／栗木契／嶋口充輝／余田拓郎（2004）『ゼミナール　マーケティング入門』日本経済新聞社
伊藤亜聖（2020）『デジタル化する新興国』中央公論新社
伊藤裕二（2017）『VR インパクト―知らないではすまされないバーチャルリアリティの凄い世界―』ダイヤモンド社
井徳正吾（2012）『現場感覚でわかりやすい　マーケティング戦略入門［理論と実践］』日本能率協会マネジメントセンター
上原征彦（1999）『マーケティング戦略論』有斐閣
岡太彬訓／守口剛（2010）『マーケティングのデータ分析―分析手法と適用事例―（シリーズ行動計量の科学）』朝倉書店
奥本勝彦／林田博光編著（2008）『マーケティング概論』中央大学出版部
カーツメディアワークス（2020）『SNS マーケティング 100 の法則』日本能率協会マネジメントセンター
角井亮一（2022）『最新　EC 物流の動向と仕組みがよ～くわかる本』秀和システム
角井亮一監修（2023）『物流革命 2023（日経ムック）』日経 BP
加藤希尊（2016）『The Customer Journey―「選ばれるブランド」になるマーケティングの新技法を大解説―』宣伝会議
亀井昭宏／ルディー和子編著（2009）『新マーケティング・コミュニケーション戦略論』日本経済新聞出版社
北川寛樹（2021）『物流 DX 革命―テクノロジー×プラットフォームで実現する―』日経 BP
木村達也編著（2013）『実践 CRM―進化する顧客関係性マネジメント―』生産性出版
クスマノ, マイケル・A／ガワー, アナベル／ヨッフィー, デヴィッド・B 著、青島矢一監訳（2020）『プラットフォームビジネス―デジタル時代を支配する力と陥穽―』有斐閣
グッドマン, ジョン著、畑中伸介訳（2016）『顧客体験の教科書―収益を生み出すロイヤルカスタマーの作り方―』東洋経済新報社

クリステンセン, クレイトン・M／ホール, タディ／ディロン, カレン／ダンカン, デイビッド・S 著、依田光江訳（2017）『ジョブ理論―イノベーションを予測可能にする消費のメカニズム―』ハーパーコリンズ・ジャパン
クルーグ, スティーブ著、福田篤人訳（2016）『超明快 Web ユーザビリティ―ユーザーに「考えさせない」デザインの法則―』ビー・エヌ・エヌ新社
KDDI 監修（2022）『まるわかり！ロケーションテック（日経ムック）』日経 BP
ケリー, ケヴィン著、服部桂訳（2016）『〈インターネット〉の次に来るもの―未来を決める 12 の法則―』NHK 出版
現代マーケティング研究会編（2019）『マーケティング論の基礎』同文舘出版
コトラー, フィリップ／カルタジャヤ, ヘルマワン／セティアワン, イワン著、恩藏直人監訳、藤井清美訳（2022）『コトラーのマーケティング 5.0―デジタル・テクノロジー時代の革新戦略―』朝日新聞出版
小宮紳一（2019）『事例で学ぶサブスクリプション』秀和システム
コンテンツコミュニケーション・ラボ（日経 BP コンサルティング）（2016）『コンテンツマーケティングの教科書』日経 BP コンサルティング
佐々木康裕（2020）『D2C―「世界観」と「テクノロジー」で勝つブランド戦略―』ニューズピックス
佐藤尚之（2018）『ファンベース―支持され、愛され、長く売れ続けるために―』筑摩書房
ジェフリー, マーク著、佐藤純／矢倉純之介／内田彩香訳（2017）『データ・ドリブン・マーケティング―最低限知っておくべき 15 の指標―』ダイヤモンド社
嶋口充輝（1997）『顧客満足型マーケティングの構図―新しい企業成長の論理を求めて―』有斐閣
嶋口充輝（1997）『柔らかいマーケティングの論理』ダイヤモンド社
嶋口充輝（2000）『マーケティング・パラダイム―キーワードで読むその本質と革新―』有斐閣
嶋口充輝／和田充夫／池尾恭一／余田拓郎（2006）『マーケティング戦略』有斐閣
ジャンザー, アン・H 著、小巻靖子訳（2017）『サブスクリプション・マーケティング―モノが売れない時代の顧客との関わり方―』英治出版
シュミット, バーンド・H 著、島村和恵／広瀬盛一訳（2000）『経験価値マーケティング―消費者が「何か」を感じるプラス α の魅力―』ダイヤモンド社
ジョンソン, マイケル・D／グスタフソン, アンダース著、西村行功訳（2001）『カスタマー・バリュー―クオリティと顧客満足を高め収益につなげる―』ダイヤモンド社
スティーブンス, ダグ著、斎藤栄一郎訳（2021）『小売の未来―新しい時代を生き残る 10 の「リテールタイプと消費者の問いかけ」―』プレジデント社
田中森士（2021）『カルトブランディング―顧客を熱狂させる技法―』祥伝社
ツォ, ティエン／ワイザート, ゲイブ著、桑野順一郎監訳、御立英史訳（2018）『サブスクリプション―「顧客の成功」が収益を生む新時代のビジネスモデル―』ダイヤモンド社
ドラッカー, ピーター・F 著、野田一夫／村上恒夫訳（1964）『創造する経営者』ダイヤモン

ド社
ドラッカー, ピーター・F 著、上田惇生編訳（2005）『マネジメント―基本と原則―』ダイヤモンド社
仲野佑希（2022）『ザ・ダークパターン―ユーザーの心や行動をあざむくデザイン―』翔泳社
西尾チヅル編著（2007）『マーケティングの基礎と潮流』八千代出版
西垣通（2016）『ビッグデータと人工知能―可能性と罠を見極める―』中央公論新社
日経クロステック編（2022）『世界をリードする 8 つの最新テクノロジー』日経 BP
日経クロストレンド編（2019）『この 1 冊でまるごとわかる　5G & 人工知能ビジネス 2020（日経 BP ムック）』日経 BP
日経クロストレンド編（2019）『サブスクリプション 2.0―衣食住すべてを飲み込む最新ビジネスモデル―』日経 BP
日経産業新聞編（2020）『XaaS の衝撃―すべてがサービス化する新ビジネスモデル―』日本経済新聞出版
パインⅡ, B・ジョセフ／ギルモア, ジェームズ・H 著、岡本慶一／小高尚子訳（2005）『[新訳] 経験経済―脱コモディティ化のマーケティング戦略―』ダイヤモンド社
林雅之・本門功一郎（2020）『デジタル時代の基礎知識　SNS マーケティング（第 2 版）』翔泳社
原田曜平（2022）『シン世代マーケティング―メガヒットのカギをにぎる！―』ぱる出版
原田曜平（2022）『Z 世代―若者はなぜインスタ・TikTok にはまるのか？―』光文社
フュジェッタ, ロブ著、土方奈美訳（2013）『アンバサダー・マーケティング―熱きファンを戦力に変える新戦略―』日経 BP
ポーター, マイケル・E 著、土岐坤／中辻萬治／小野寺武夫訳（1985）『競争優位の戦略』ダイヤモンド社
ボストンコンサルティンググループ監修（2022）『BCG　デジタル・パラダイムシフト（日経ムック）』日本経済新聞出版
本藤貴康／奥島晶子（2015）『ID-POS マーケティング―顧客 ID 付き購買データで商品・ブランド・売り場を伸ばす―』英治出版
マイヤー＝ショーンベルガー, ビクター／ランジ, トーマス著、斎藤栄一郎訳（2019）『データ資本主義―ビッグデータがもたらす新しい経済―』NTT 出版
「三越のあゆみ」編集委員会編（1954）『三越のあゆみ』三越本部総本部
宮下正房（1996）『現代の流通戦略』中央経済社
宮下正房（2002）『商業入門』中央経済社
宮下雄治（2020）「中国経済回復の見通しと新常態③―労働と消費に関する実態調査―」『毎日アジアビジネスレポート』2020 年 10 月号、毎日新聞社
宮下雄治（2022）『米中先進事例に学ぶ　マーケティング DX』すばる舎
メータ, ニック／スタインマン, ダン／マーフィー, リンカーン著、バーチャレクス・コンサルティング訳（2018）『カスタマーサクセス―サブスクリプション時代に求められる「顧客の成功」10 の原則―』英治出版

モザド, アレックス／ジョンソン, ニコラス・L著、藤原朝子訳（2018）『プラットフォーム革命』英治出版
森川博之（2020）『5G―次世代移動通信規格の可能性―』岩波書店
谷田部卓（2020）『未来IT図解　アフターコロナのITソリューション』エムディエムコーポレーション
横山隆治（2010）『トリプルメディアマーケティング―ソーシャルメディア、自社メディア、広告の連携戦略―』インプレスジャパン
ラパポート, スティーブン・D著、電通ソーシャルメディアラボ訳（2012）『リッスン・ファースト！』翔泳社
流通経済研究所（2016）『店頭マーケティングのためのPOS・ID-POSデータ分析』日本経済新聞出版社
和田充夫／恩藏直人／三浦俊彦（2001）『マーケティング戦略（新版）』有斐閣
Anderson Eugene W., Claes Fornell and Donald R. Lehmann (1994) "Customer Satisfaction, Market Share, and Profitability: Findings from Sweden," *Journal of Marketing*, 58(3), pp.53-66.
Arunesh Mathur, Gunes Acar, Michael J. Friedman, Elena Lucherini, Jonathan Mayer, Marshini Chetty and Arvind Narayanan (2019) Dark Patterns at Scale: Findings from a Crawl of 11K Shopping Websites, *Proceedings of the ACM Human-Computer Interaction*, Vol.3, CSCW, Article 81, pp.1-32.
Schmitt Bernd (1999) "Experiential Marketing," *Journal of Marketing Management*, 15 (1/3), pp.53-67.
Stolterman Erik, Fors A. Croon (2004) "Information Technology and the Good Life," *Information Systems Research: Relevant Theory and Informed Practice*, Bonnie Kaplan, Duane P. Truex, David Wastell, A. Trevor Wood-Harper and Janice I. DeGross (eds), London, UK: Kluwer Academic Publishers, pp.687-692.
アーティスHP「SNS上で広がりを見せるインフルエンサーマーケティングとは？ステルスマーケティングとの違いとは？」（2019年11月28日）
https://www.asobou.co.jp/blog/web/influencer-marketing
アドビHP「ビジネス分析―4つの手法（記述、予測、処方、診断）を解説―」（2022年11月8日）
https://business.adobe.com/jp/blog/basics/descriptive-predictive-prescriptive-analytics-explained
アリババHP「オンラインとオフラインを融合させた新しい小売プラットフォームを通じて中国市場を開拓」
https://www.alibaba.co.jp/service/newretail/
イオンリテールニュースリリース「"スマートな"買物体験を実現するAIシステムを順次拡大」（2021年5月13日）
https://www.aeonretail.jp/pdf/210513R_1.pdf

オニゴーHP
https://onigo.co.jp/
オルタナティブデータ推進協議会 HP「オルタナティブデータ　FACTBOOK」
https://alternativedata.or.jp/wp-content/uploads/2022/09/JADAA_Factbook202209.pdf
外務省 HP「よくある質問集　大使館」
https://www.mofa.go.jp/mofaj/comment/faq/mofa/embassy.html
ガートナーHP「データ／アナリティクスとは？」
https://www.gartner.co.jp/ja/topics/data-and-analytics
花王 HP「くらしの研究」
https://www.kao.co.jp/lifei/about/
キーエンス HP「用語解説　ロボティクス」
https://www.keyence.co.jp/ss/general/iot-glossary/robotics.jsp
クーパン HP
https://aboutcoupang.jp/
経済産業省ニュースリリース（2019 年 7 月 31 日）
https://www.meti.go.jp/press/2019/07/20190731003/20190731003-1.pdf
経済産業省ニュースリリース「ロボットフレンドリーな環境の実現に向けた取組が加速しています―各予算事業の採択に加えて、ロボフレ推進法人の新設などの取組―」（2022 年 10 月 5 日）
https://www.meti.go.jp/press/2022/10/20221005001/20221005001.html
ゲート・ワン HP
https://gate-one.co.jp/
国土交通省 HP「最近の物流政策について」（2021 年 1 月 22 日）
https://www.mlit.go.jp/common/001388194.pdf
国土交通省 HP「日本版 MaaS の推進」
https://www.mlit.go.jp/sogoseisaku/japanmaas/promotion/index.html
国土交通省 HP「PLATEAU by MLIT」
https://www.mlit.go.jp/plateau/about/
国立国会図書館 HP「百貨店ある記―買うときめき、めぐる楽しみ―」
https://www.ndl.go.jp/kaleido/entry/27/2.html
サイバーエージェントプレスリリース「サイバーエージェント、2022 年国内動画広告の市場調査を実施」（2023 年 2 月 13 日）
https://www.cyberagent.co.jp/news/detail/id=28533
シェアリングエコノミー協会 HP「2021 年日本のシェアリングエコノミー市場規模　過去最高の 2 兆 4,198 億円を記録」（2022 年 1 月 18 日）
https://sharing-economy.jp/ja/20220118
週刊エコノミスト Online「テキスト、位置情報などビッグデータ　金融業界で広がる『投資判断』活用」（2019 年 7 月 1 日）

https://weekly-economist.mainichi.jp/articles/20190709/se1/00m/020/038000c
週刊エコノミスト Online「Q&Aで学ぶ　MaaSの基礎知識」(2019年7月22日)
https://weekly-economist.mainichi.jp/articles/20190730/se1/00m/020/055000c
政府CIOポータル「オープンデータ」
https://cio.go.jp/policy-opendata#dataset
セールスフォースHP「顧客分析の7つの手法と押さえておきたいポイントを紹介」(2020年10月19日)
https://www.salesforce.com/jp/blog/2020/10/customer-analysis-techniqe.html
総務省HP「デジタルデータの経済的価値の計測と活用の現状に関する調査研究の請負　報告書」(2020年3月)
https://www.soumu.go.jp/johotsusintokei/linkdata/r02_05_houkoku.pdf
総務省HP「令和元年度　情報通信白書」(2019年)
https://www.soumu.go.jp/johotsusintokei/whitepaper/ja/r01/html/nd113210.html
総務省HP「令和2年版　情報通信白書」(2020年)
https://www.soumu.go.jp/johotsusintokei/whitepaper/ja/r02/pdf/n1100000.pdf
総務省HP「令和3年版　情報通信白書」(2021年)
https://www.soumu.go.jp/johotsusintokei/whitepaper/ja/r03/pdf/01honpen.pdf
総務省情報通信政策研究所HP「令和3年度情報通信メディアの利用時間と情報行動に関する調査　報告書」(2022年8月)
https://www.soumu.go.jp/main_content/000831290.pdf
大日本印刷ニュースリリース「大日本印刷と能楽の宝生会　能楽を鑑賞しながら解説が見られるARシステムを開発」(2017年6月2日)
https://www.dnp.co.jp/news/detail/1187709_1587.html
デジタル庁HP「オープンデータ基本指針」(2017年5月30日)
https://www.digital.go.jp/assets/contents/node/basic_page/field_ref_resources/f7fde41d-ffca-4b2a-9b25-94b8a701a037/20210615_resources_data_guideline_01.pdf
電通ニュースリリース「電通、人工知能による広告コピー生成システム『AICO』(β版)を開発」(2017年5月17日)
https://www.dentsu.co.jp/news/release/pdf-cms/2017063-0517.pdf
電通ニュースリリース「電通と電通デジタル、『People Driven DMP X(クロス)』の提供を開始」(2019年12月18日)
https://www.dentsu.co.jp/news/release/pdf-cms/2019123-1218.pdf
電通報「ソーシャルコマースが、なぜマーケティングを革新する概念なのか?」(2021年2月12日)
https://dentsu-ho.com/articles/7645
電通報「電通がいよいよ『クリエイティブAI』を解き放つ!自動生成AIソリューション『CXAI』」(2021年5月18日)
https://dentsu-ho.com/articles/7769

電通グループニュースリリース「電通グループ、『世界の広告費成長率予測（2022〜2025）』を発表」（2022 年 12 月 16 日）
https://www.group.dentsu.com/jp/news/release/pdf-cms/2022082-1216.pdf
凸版印刷 HP「AI カメラで店舗の顧客行動を分析・可視化」
https://solution.toppan.co.jp/digital/service/ai_camaera.html
内閣府 HP「Society 5.0」
https://www8.cao.go.jp/cstp/society5_0/
内閣府／総務省／経済産業省／国土交通省スマートシティ官民連携プラットフォーム事務局 HP「スマートシティガイドブック（2021.04 ver.1.00）」
https://www8.cao.go.jp/cstp/society5_0/smartcity/01_scguide_1.pdf
日経クロステック「1 枚 20 円の IC タグで店舗革新　棚卸し時間を 9 割削減」（2013 年 4 月 1 日）
https://xtech.nikkei.com/it/article/NCD/20130410/469921/
日経クロストレンド「MaaS に必要なエコシステムとは？　先進フィンランドの教え」（2018 年 4 月 17 日）
https://xtrend.nikkei.com/atcl/contents/feature/00041/00002/
日経 Marketing Portal HP「新聞広告 IoT 宣言　紹介動画」
https://marketing.nikkei.com/media/newspaper/shimbuniot/declaration/
ニトリホールディングスニュースリリース「ドコモとニトリビジネス＆リフォームが法人向けショールームに XR を導入」（2021 年 3 月 3 日）
https://www.nitorihd.co.jp/news/items/docomonitorinews.pdf
日本 RPA 協会 HP「日本 RPA 協会設立」
https://rpa-japan.com/news/33
日本インタラクティブ広告協会（JIAA）HP「ネイティブ広告ハンドブック 2017」（2016 年 11 月 4 日）
https://www.jiaa.org/wp-content/uploads/2020/12/JIAA_nativead_handbook.pdf
日本経済新聞社 HP「ChatGPT、脅威も生成　マイクロソフト『AI 盟主』の賭け」（2023 年 1 月 30 日）
https://www.nikkei.com/article/DGXZQOCD2608S0W3A120C2000000/
日本マーケティング協会 HP「日本マーケティング協会の概要」
https://www.jma2-jp.org/news/site_detail/283
野村総合研究所 HP「ビジネスを進める『処方的アナリティクス』」『知的資産創造』2021 年 9 月号
https://www.nri.com/-/media/Corporate/jp/Files/PDF/knowledge/publication/chitekishisan/2021/09/cs20210904.pdf?la=ja-JP&hash=A0433F344B879AF3F221EE92C0436DC40DDAB9D8
博報堂ニュースリリース「生成 AI 技術で画像を動画に変換し、ユーザーが広告プロモーションやストーリーの一部になれる AI 映像サービス『H-AI NARRATIVE』の提供を開始～『Creative technology lab beat』第七弾プロダクト～」（2023 年 5 月 25 日）
https://www.hakuhodo.co.jp/news/info/104290/
パナソニックホールディングスプレスリリース「進化した配膳システムで食の安心安全と省人化を両立」（2021 年 4 月 16 日）
https://news.panasonic.com/jp/press/jn210416-2
日立製作所 HP「デジタルマーケティングソリューション　顧客接点（タッチポイント）とは？強化すべき理由と 3 つの強化方法を紹介！」
https://www.hitachi-solutions.co.jp/digitalmarketing/sp/column/cc_vol01/
ファミリーマート HP「デジタル推進による利便性の向上」
https://www.family.co.jp/sustainability/material_issues/needs/digital.html
北京亮亮视野科技 HP
https://www.llvision.com/h-nd-40.html#_jcp=1
三井住友カード HP「スマホ決済とは？仕組みや種類、クレジットカード登録でお得になる方法を解説」
https://www.smbc-card.com/nyukai/magazine/tips/smartphone_payment.jsp
メタ HP「類似オーディエンスについて」
https://www.facebook.com/business/help/164749007013531?id=401668390442328
リコーHP「チャットボットの仕組みとは―ハイブリッド型チャットボットなどを紹介―」
https://promo.digital.ricoh.com/chatbot/column/detail67/
ワークマン HP「WORKMAN 公式アンバサダーご紹介」
https://www.workman.co.jp/feature/ambassador/
ADK ホールディングスニュースリリース「ADK マーケティング・ソリューションズ、ジェイアール東日本企画、東急エージェンシーの 3 社によるデータマーケティング領域での新会社発足」（2019 年 4 月 4 日）
https://www.adk.jp/news/791/
AMA（アメリカマーケティング協会）HP「Definitions of Marketing」
https://www.ama.org/the-definition-of-marketing-what-is-marketing/
Amazon.com HP「amazon style」
https://www.amazon.com/b?ie=UTF8&node=23676409011
BUSINESS INSIDER HP「SHEIN が原宿にリアル店舗。店内には『ヘクトコーン企業』が抱える課題がみえた」（2022 年 11 月 14 日）
https://www.businessinsider.jp/post-261724
b8ta HP「体験型ストア　b8ta」
https://b8ta.jp/about/b8ta/
CARTA HOLDINGS プレスリリース「デジタルサイネージ広告市場調査を実施」（2022 年 12 月 19 日）
https://cartaholdings.co.jp/news/20221219_1/
CNET HP「Multimedia 2.0: From Paid Media to Earned Media to Owned Media and

Back」(2009年5月11日)
https://www.cnet.com/culture/multimedia-2-0-from-paid-media-to-earned-media-to-owned-media-and-back/
CNET Japan HP「アマゾン、初のアパレル実店舗『Amazon Style』をオープン―カリフォルニア州で」(2022年5月26日)
https://japan.cnet.com/article/35188006/
IVORY(P&G)HP「BIRTH OF AN ICON」
https://ivory.com/our-heritage/
MARKETING BREW HP「Walmart made $2.1 billion in advertising last year: here's how」(2022年3月9日)
https://www.marketingbrew.com/stories/2022/03/08/walmart-made-usd2-1-billion-in-advertising-last-year-here-s-how
NEC HP「RFIDとは?電子タグの仕組みや特長を解説」
https://www.nec-solutioninnovators.co.jp/sp/contents/column/20220128.html
NECニュースリリース「NECとダイナミックプラスが共創、ホテル業界向けダイナミックプライシングサービスを提供開始」(2021年3月29日)
https://jpn.nec.com/press/202103/20210329_01.html
NTTコムHP「NPSとは?」
https://www.nttcoms.com/service/nps/summary/?utm_source=google&utm_medium=cpc&utm_campaign=nps_googlecpc_summary
NTT東日本HP「【2022年最新】AIカメラの3つの機能をわかりやすく解説! 身近な活用事例5選を紹介」
https://business.ntt-east.co.jp/content/onsight_dx/column/aicamera_casestudy/
Retail AI HP「AI Camera Solutions」
https://www.retail-ai.jp/solution/Camera/
Social Media Explorer HP「The Digitization of Research and Measurement in Public Relations」(2010年5月12日)
https://socialmediaexplorer.com/online-public-relations/the-digitization-of-research-and-measurement-in-public-relations/
TikTok For Business HP「Z世代白書 "かじる"Z世代たち」
https://tiktok-for-business.co.jp/app/wp-content/uploads/2021/09/genZ_whitepaper.pdf
TOUCH TO GO HP「TTG-SENSE / TTG-SENSE MICRO」
https://ttg.co.jp/product/ttg-sense/
Whim HP
https://whimapp.com/
XD(プレイド)HP「『ポケモンGO』は人を外に連れ出すための手段―NianticがARで目指す理想の顧客体験とは―」(2018年8月26日)

https://exp-d.com/interview/2081/
ZOZO プレスリリース「ZOZOMO の新サービス『顧客直送』を 11 月 24 日にローンチ　実店舗で決済し、ZOZOBASE から顧客の自宅へ商品の直送が可能に」(2021 年 10 月 28 日)
https://corp.zozo.com/news/files/pdf/Release_DirectDelivery_20221124.pdf
ZOZO プレスリリース「ZOZO 初のリアル店舗を表参道にオープン、自分の『似合う』が見つかる　超パーソナルスタイリングサービス『niaulab by ZOZO』を開始」(2022 年 11 月 9 日)
https://corp.zozo.com/news/files/pdf/Release_niaulab_20221109.pdf
「日本経済新聞」朝刊　2019 年 6 月 9 日
「日本経済新聞」Web 版　2021 年 7 月 27 日
「日本経済新聞」朝刊　2022 年 4 月 27 日
「日本経済新聞」朝刊　2022 年 6 月 9 日
「日本経済新聞」朝刊　2022 年 11 月 18 日
「日本経済新聞」朝刊　2022 年 12 月 16 日
「日本経済新聞」朝刊　2023 年 1 月 31 日
「日本経済新聞」朝刊　2023 年 8 月 5 日
「日経 MJ」2021 年 7 月 26 日
「日経 MJ」2022 年 1 月 28 日
「日経 MJ」2022 年 11 月 13 日
「日経 MJ」2023 年 1 月 9 日
「日経産業新聞」2021 年 9 月 21 日
「日経ビジネス」2019 年 8 月 19 日号
「日経 Automotive」2022 年 8 月号
「日経コンピュータ」2013 年 4 月 18 日号

索　　引

ア　行

カ　行

サ 行

タ　行

ナ　行

ハ　行

マ　行

ヤ 行

ラ 行

ワ 行

著者紹介

宮下 雄治（みやした ゆうじ）

國學院大學経済学部教授。
専門はマーケティング、デジタル経済。
東京大学大学院総合文化研究科博士課程退学。2008年より城西国際大学経営情報学部助教、2013年より國學院大學経済学部准教授を経て、2017年より現職に至る。博士（経済学）。
2017年から中国の国立中山大学（広東省広州市）の訪問教授として、中国のデジタル経済と消費社会を研究。
デジタル先進企業から小売業、飲食・サービス業、製造業まで幅広い業種・企業を取材し、フィンテックや人工知能（AI）などデジタル活用のビジネスやプラットフォーム企業の成長戦略に詳しい。
国内では小売業、サービス業、製造業と幅広い業界でマーケティングやデジタル戦略に関する企業研修や講演を行い、定期的にメディア寄稿を行う。
著書に『米中先進事例に学ぶ　マーケティングDX』（すばる舎、2022年）などがある。

新時代のマーケティング
―デジタル経済を動かすキーワード―

2023年10月3日　第1版1刷発行

著　者―宮下雄治
発行者―森口恵美子
印刷所―美研プリンティング（株）
製本所―（株）グリーン
発行所―八千代出版株式会社

〒101-0061 東京都千代田区神田三崎町2-2-13
TEL　03-3262-0420
FAX　03-3237-0723
振替　00190-4-168060

＊定価はカバーに表示してあります。
＊落丁・乱丁本はお取替えいたします。

ISBN978-4-8429-1854-9